ARD-Ratgeber Recht
Herausgeber: Dr. Frank Bräutigam

MIETNEBENKOSTEN

Abrechnung prüfen – Rechte kennen –
Betriebskosten senken

SWR verbraucherzentrale

Eine Produktion des Südwestrundfunks in Zusammenarbeit mit den Verbraucherzentralen

Rund 30 Millionen Betriebskostenabrechnungen werden jährlich in Deutschland verschickt. Kein Wunder, dass Probleme mit Mietnebenkosten bei den Mietervereinen schon seit Jahren das Rechtsberatungsthema Nummer eins sind. Dieser praxisnahe Ratgeber informiert über die wesentlichen Rechte und Pflichten rund um dieses brisante Thema.

Der Autor **Ulrich Ropertz** ist Jurist, Geschäftsführer und Leiter der Presse- und Öffentlichkeitsarbeit des Deutschen Mieterbundes.

Ulrich Ropertz · Deutscher Mieterbund

MIETNEBENKOSTEN

Abrechnung prüfen – Rechte kennen –

Betriebskosten senken

Rechtslage

Rechtsprechung, Urteil

Wichtig

Beispiel

Vorsicht, Risiko!

Tipp, Ratschlag

Musterbrief, Vorlage

Checkliste

Bibliografische Information der Deutschen Bibliothek
Die Deutsche Bibliothek verzeichnet diese Publikation in der Deutschen Nationalbibliografie; detaillierte bibliografische Daten sind im Internet über http://dnb.ddb.de abrufbar.

3. Auflage 2014, aktualisiert und überarbeitet

Printed in Germany.
ISBN 978-3-86336-616-2

LIEBE LESERIN, LIEBER LESER, UND NATÜRLICH AUCH: LIEBE ZUSCHAUERIN, LIEBER ZUSCHAUER DES ARD-RATGEBERS RECHT,

das Recht gilt gemeinhin als eine trockene und komplizierte Angelegenheit. Da ist durchaus etwas dran. Trotzdem lautet meine Erfahrung und meine Überzeugung: Hinter jedem schwierigen Paragrafen, hinter jedem Urteil im Juristendeutsch der Gerichte verbergen sich fast immer die Geschichten, Probleme und Schicksale von Menschen – und zwar von Ihnen, liebe Leserinnen und Leser, liebes Publikum. Die schwierigen Paragrafen und ihre Folgen zu erklären, gleichzeitig aber die Geschichten der Menschen dahinter nicht zu vergessen, das ist das erklärte Ziel unserer Sendung „ARD-Ratgeber Recht".

Wohl kaum eine Redaktion im deutschen Fernsehen bekommt so viel Zuschauerpost mit konkreten „Hilferufen". Sie schildern uns Ihre Fälle und bitten uns in Briefen und E-Mails oft um Unterstützung. Dieses Vertrauen in unsere Arbeit ehrt uns sehr, und Ihre Probleme und Fragen sind uns ein wichtiges Anliegen. Allerdings müssen wir Ihnen oft auch antworten, dass wir Ihnen eine konkrete Rechtsberatung im Einzelfall leider nicht geben können und dürfen. Wir haben einen Programmauftrag, der darin besteht, rechtliche Fragen allgemein und leicht verständlich im Fernsehen aufzuarbeiten. Dafür nehmen wir dann gern Ihre konkreten Fälle als Beispiele und sind deshalb weiterhin für jede Zuschrift dankbar. Alles Weitere aber übersteigt in der Regel unsere Möglichkeiten – mit einer Ausnahme: der traditionsreichen Buchreihe zum ARD-Ratgeber Recht.

Damit können wir Ihnen – immer anknüpfend an die Themen unserer Sendungen – umfangreichere Informationen an die Hand geben; mehr, als wir im Fernsehen leisten können. Das Ziel der Reihe ist es, verständliche und erschwingliche Bücher zu den juristischen Themen der Sendung ARD-Ratgeber Recht anzubieten. Unsere erfahrenen Autoren wollen Sie im juristischen Alltagsdschungel an die Hand nehmen und Ihnen Orientierung bieten – mit gut verständlichen Erklärungen, einem klaren Aufbau und einem modernen Design. Hinzu kommen Musterbriefe, Tipps und viele Ratschläge.

Betreut wird die Buchreihe – wie auch die Sendung ARD-Ratgeber Recht – von der ARD-Rechtsredaktion des Südwestrundfunks (SWR) in Karlsruhe, der „Residenz des Rechts". Von dort aus produzieren wir den ARD-Ratgeber Recht und berichten darüber hinaus in den Nachrichtensendungen von ARD und SWR über „alles, was Recht ist". Ich würde mich freuen, wenn Sie diese Buchreihe wie unsere Arbeit auf dem Bildschirm weiterhin so freundlich und kritisch begleiten und uns die Treue halten!

Eine aufschlussreiche und angenehme Lektüre wünscht Ihnen

Dr. Frank Bräutigam,
Leiter der ARD-Rechtsredaktion, Karlsruhe

VORWORT

Betriebskosten oder Mietnebenkosten sind seit Jahren das Rechtsberatungsthema Nummer eins in Deutschland. Allein im Jahr 2012 drehten sich rund 38 Prozent aller Rechtsberatungen der örtlichen Mietervereine des Deutschen Mieterbundes um dieses Thema. Dabei spielt es keine Rolle, ob Mieterhaushalte eine Rückzahlung erhalten oder ob sie, zum Beispiel wegen hoher Energiepreise bzw. eines strengen Winters, Nachzahlungen an ihre Vermieter leisten müssen. Der Beratungsbedarf bei Betriebskosten ist und bleibt konstant hoch. Ursachen hierfür sind zum Beispiel die hohe Fehlerquote und die Unverständlichkeit vieler Abrechnungen.

30 Millionen Betriebskostenabrechnungen werden jährlich in Deutschland verschickt. Die Abrechnungen über Heizkosten und über »kalte« Nebenkosten lösen dabei immer wieder Auseinandersetzungen und Streitigkeiten mit Vermietern und Hausverwaltungen aus. Hier geht es nicht zuletzt um die Frage, welche Kosten tatsächlich über die Betriebskostenabrechnung umgelegt werden dürfen und welche nicht. Aber es wird genauso oft über die Fragen gestritten, nach welchen Kriterien die Kosten im Haus zu verteilen sind und ob die vom Vermieter angesetzten Betriebskosten wirtschaftlich sind oder nicht.

Nach Einschätzung der örtlichen Mietervereine ist jede zweite Abrechnung falsch, unvollständig oder nicht nachvollziehbar.

Dabei geht es bei dem in der Praxis des Mieteralltags so wichtigen Thema »Mietnebenkosten« zwischenzeitlich auch um hohe Beträge. Bei einer 80 Quadratmeter großen Wohnung belaufen sich die Betriebskosten zusammen schnell auf 2.800 Euro im Jahr. Da lohnt es sich zu prüfen, ob geltend gemachte Vermieteransprüche zu Recht bestehen oder nicht.

Der Ratgeber »Mietnebenkosten« erklärt ausführlich, welche gesetzlichen und vertraglichen Grundlagen von Bedeutung sind und welche Betriebskostenarten überhaupt abgerechnet werden dürfen. Checklisten und Musterabrechnungen sollen deutlich machen, auf welche Punkte es besonders ankommt, worauf besonders zu achten ist.

Ulrich Ropertz
Berlin, März 2014

INHALT

03 „KALTE" BETRIEBSKOSTEN

04 DIE BETRIEBSKOSTENABRECHNUNG

05 PRÜFUNG DER BETRIEBSKOSTENABRECHNUNG

07 ERFASSUNGSSYSTEME: WÄRMEZÄHLER UND HEIZKOSTENVERTEILER

08 WICHTIGE REGELUNGEN DER HEIZKOSTENVERORDNUNG

09 DIE HEIZKOSTENABRECHNUNG

ABKÜRZUNGEN

AG	Amtsgericht
bzw.	beziehungsweise
BGB	Bürgerliches Gesetzbuch
DWW	Deutsche Wohnungswirtschaft (Zeitschrift)
EnEV	Energieeinsparverordnung
f.	folgende
GE	Grundeigentum (Zeitschrift)
kWh	Kilowattstunde
LG	Landgericht
NMV	Neubaumietenverordnung
NJW	Neue Juristische Wochenschrift
NZM	Neue Zeitschrift für Miet- und Wohnungsrecht
OLG	Oberlandesgericht
RE	Rechtsentscheid
RR	Rechtsprechungs-Report
S.	Seite
TÜV	Technischer Überwachungsverein
usw.	und so weiter
u.U.	unter Umständen
VDI	Verein deutscher Ingenieure
vgl.	vergleiche
WE	Wohneinheiten
WuM	Wohnungswirtschaft und Mietrecht (Fachzeitschrift)
ZMR	Zeitschrift für Miet- und Raumrecht
II. BV	II. Berechnungsverordnung

BETRIEBSKOSTEN – GESETZ UND VERTRAGLICHE REGELUNGEN

01

Betriebskosten haben sich zu einer Art zweiten Miete entwickelt. Zwischen 2 und 3 Euro pro Quadratmeter im Monat müssen Mieter hierfür zahlen.

Nach dem Gesetz sind Betriebs- oder Nebenkosten eigentlich Bestandteil der Miete und müssten nicht noch einmal zusätzlich bezahlt werden. Diese gesetzliche Regelung ist aber nicht zwingend, abweichende vertragliche Vereinbarungen sind erlaubt. Und so enthalten praktisch alle Mietverträge Regelungen, wonach Mieter neben der eigentlichen Miete oder Grundmiete noch Betriebskosten zahlen müssen.

Warum muss ich zusätzlich zur Miete noch über 2.000 Euro im Jahr an Nebenkosten zahlen?

Kann der Vermieter von mir fordern, dass ich Steuern und Versicherung für sein Haus übernehme?

Dies sind nur zwei typische von hundert möglichen Fragen rund um die Betriebskosten.

Obwohl fast alle Mieter – oder auch Wohnungseigentümer – über Jahre hohe Betriebskosten zahlen, kennen sich nur die wenigsten mit den Rechtsgrundlagen für diese „zweite Miete" aus.

Ob zusätzlich zur Miete noch Nebenkosten – juristisch: Betriebskosten – bezahlt werden müssen, regeln verschiedene gesetzliche Vorschriften, vor allem aber der Mietvertrag.

GESETZ

Nach Paragraph 535 des Bürgerlichen Gesetzbuchs (BGB) ist Miete die vereinbarte Gegenleistung der Mieter für die Überlassung und den Erhalt der Wohnung im vertragsgemäßen Zustand durch den Vermieter. Kosten, die durch den Gebrauch der Wohnung entstehen, zum Beispiel Betriebskosten, muss der Vermieter tragen.

Das bedeutet: Nach dem Gesetz sind Betriebs- oder Nebenkosten Bestandteil der Miete und müssen von Mietern nicht noch einmal zusätzlich bezahlt werden.

Diese gesetzliche Regelung ist aber nicht zwingend. Denn Paragraph 556 BGB erlaubt ausdrücklich, dass durch Vereinbarungen im Mietvertrag hiervon abgewichen werden kann.

Praktisch enthalten alle Mietverträge solche abweichenden Regelungen, sodass Mieter in der Regel zusätzlich zur Miete (Grundmiete) noch Betriebskosten zahlen müssen.

Die Betriebskostenverordnung (früher II. Berechnungsverordnung oder II. BV) definiert allgemein, was unter Betriebskosten zu verstehen ist: Nämlich Kosten, die dem Eigentümer durch das Eigentum am Grundstück oder durch den bestimmungsmäßigen Gebrauch der Gebäude, der Nebengebäude, Anlagen, Einrichtungen und des Grundstücks laufend entstehen.

Zu den Betriebskosten gehören:

Grundsteuer, Wasser, Abwasser, Heizung, Warmwasser, Aufzug, Straßenreinigung, Müllbeseitigung, Gebäudereinigung, Ungezieferbekämpfung, Gartenpflege, Beleuchtung, Schornsteinreinigung, Sach- und Haftpflichtversicherung, Hauswart, Gemeinschaftsantenne, Einrichtung für Wäschepflege und Sonstiges.

Achtung HKVO
=> Heizung + WW-Kosten
sind immer verbrauchs-
abh. abzurechnen
HKVO lex spec.

Nur Kostenarten, die in der Betriebskostenverordnung aufgeführt sind, können im Mietvertrag als umlegbare Betriebskosten vereinbart werden. Alle anderen Kosten sind keine Betriebskosten. Auch über Vereinbarungen in Mietverträgen können keine neuen oder zusätzlichen Betriebskostenarten „erfunden" werden. Wichtig außerdem: Verwaltungs- und Instandhaltungskosten – oder Instandsetzungskosten – sind keine Betriebskosten.

Tipp

Verlangt ein Vermieter Verwaltungs- und Instandhaltungskosten als Betriebskosten, müssen Mieter nicht zahlen. Enthält der Mietvertrag möglicherweise solche Vereinbarungen, sind diese unwirksam (§ 556 BGB).

Das BGB (§ 556) regelt auch, dass

- Betriebskostenzahlungen als Pauschale oder Vorauszahlungen vereinbart werden können,

- monatliche Vorauszahlungen nur in angemessener Höhe vereinbart werden dürfen,
- jährlich über Betriebskostenvorauszahlungen abzurechnen ist,
- der Grundsatz der Wirtschaftlichkeit im Betriebskostenrecht gilt,
- die Abrechnungsfrist ein Jahr beträgt,
- bei Überschreiten der Abrechnungsfrist Nachforderungen des Vermieters grundsätzlich ausgeschlossen sind,
- Mieter höchstens ein Jahr Zeit haben, um Einwendungen gegen die Abrechnung zu erheben.

Darüber hinaus sind die Regeln zu Abrechnungsmaßstäben bzw. Verteilerschlüsseln bei der Betriebskostenabrechnung (§ 556a) festgelegt. Und nicht zuletzt ist bestimmt, wann Betriebskostenpauschalen verändert bzw. Betriebskostenvorauszahlungen erhöht oder reduziert werden können (§ 560).

Kostenverteilung gemäß Heizkostenverordnung

Die Verteilung von Heizkosten wird in der Heizkostenverordnung geregelt: Dort ist festgelegt, dass die Kosten für Heizung und Warmwasser verbrauchsabhängig abzurechnen sind.

VERTRAGLICHE REGELUNGEN

BRUTTOMIETE

Keine zusätzlichen Betriebskosten

Enthält der schriftliche Mietvertrag keine ausdrückliche Regelung zu Betriebs- oder Nebenkosten, ist eine sogenannte Bruttomiete (auch Inklusiv- oder Pauschalmiete genannt) vereinbart. Das Gleiche gilt, wenn der Mietvertrag mündlich vereinbart und praktisch keine ausdrückliche Regelung zu Betriebskosten getroffen wurde. Konsequenz in beiden Fällen: Mieter müssen zusätzlich zur vereinbarten Miete keine Betriebskosten mehr zahlen.

Allerdings gibt es Ausnahmen: Müssen die Heiz- und Warmwasserkosten aufgrund der Vorgaben der Heizkostenverordnung verbrauchsabhängig abgerechnet werden, kommen diese Kosten immer zur eigentlichen Mietzahlung noch hinzu. Man spricht dann von einer Bruttokaltmiete oder Teilinklusivmiete.

Auflistung der Kostenarten

Um eine Teilinklusivmiete handelt es sich auch, wenn Mieter und Vermieter vereinbaren, dass beispielsweise Grundsteuer oder Hausversicherung in der vereinbarten Miete enthalten sind und nur die anderen Kostenarten entsprechend der Betriebskostenverordnung (siehe S. 17) zusätzlich gezahlt werden müssen.

Ist eine Brutto- oder Inklusivmiete vereinbart, sind die Nebenkosten in der Miete enthalten. Steigen die Kosten für Hauswart, Versicherung, Müllbeseitigung usw., kann der Vermieter diese Kostensteigerung nicht einfach an die Mieter weiterreichen. Er hat nur die Möglichkeit, die Miete selbst zu erhöhen.

Ortsübliche Vergleichsmiete als Maßstab

Dazu muss er – soweit es das örtliche Mietpreisgefüge zulässt – seine Mieter schriftlich auffordern, einer Erhöhung auf die ortsübliche Vergleichsmiete zuzustimmen. Stützt der Vermieter die Mieterhöhung auf einen Mietspiegel, muss er die tatsächlich in der Bruttomiete enthaltenen Nebenkosten genau berechnen und dann auf den Mietspiegel mit aufschlagen.

Für die neue Bruttomiete gilt – wie bei allen Mieterhöhungen auf die ortsübliche Vergleichsmiete: Die Miete muss 15 Monate unverändert bleiben (Jahressperrfrist) und innerhalb von drei Jahren darf die Miete um höchstens 20 Prozent bzw. 15 Prozent (in Städten oder Gemeinden, in denen die „ausreichende Versorgung der Bevölkerung mit Mietwohnungen zu angemessenen Bedingungen besonders gefährdet ist und die jeweilige Landesregierung diese Gebiete bestimmt hat“) steigen (Kappungsgrenze).

Tipp

Fragen Sie Ihren Mieterverein, ob in Ihrer Gemeinde aufgrund einer Verordnung der Landesregierung die 15-Prozent-Kappungsgrenze gilt.

Vorsicht

Die Vertragsabreden müssen inhaltlich genau bestimmt und eindeutig sein. Im Streitfall muss der Vermieter beweisen, dass eine entsprechende Vereinbarung zu den Betriebskosten getroffen wurde.

NETTOMIETE

Der Regelfall aber ist: Mieter und Vermieter vereinbaren, dass zusätzlich zur Miete Betriebskosten gezahlt werden müssen. Dann nennt man diese Miete auch Grund- oder Nettomiete.

Die Vereinbarung der Vertragsparteien kann zwar auch mündlich erfolgen, normalerweise werden Regelungen aber schriftlich im Mietvertrag getroffen.

Es gibt zahlreiche Varianten, wie Betriebskosten auf den Mieter umgelegt werden können:

- Führt der Mietvertrag alle denkbaren Betriebskosten auf (siehe S. 17 Betriebskostenverordnung), dann ist klar, dass der Mieter neben der Miete zusätzlich alle Betriebskostenarten zahlen soll. Mieter müssen sich keine Sorgen machen, wenn in der vollständigen Auflistung auch Positionen wie zum Beispiel Hausmeister oder Aufzug auftauchen, die im konkreten Mietshaus gar nicht anfallen. Dies spielt bei der Betriebskostenvereinbarung keine Rolle. Zudem darf der Vermieter ohnehin nur über Kosten abrechnen, die tatsächlich entstanden sind.
- Sind im Mietvertrag nur einzelne, konkrete Betriebskosten genannt, dann sind nur diese Kostenarten umlegbar. Alle anderen, hier nicht genannten können auch nicht auf die Mieter abgewälzt werden.
- Das Gleiche gilt, wenn im Mietvertrag der Betriebskostenkatalog komplett abgedruckt ist mit der Möglichkeit, einzelne Kostenarten anzukreuzen. Dann gelten nur die mit einem Kreuz versehenen als zusätzlich zu zahlende Kosten vereinbart.
- Wenn Betriebskostenzahlungen vereinbart werden, beziehen sich Mietverträge häufig auf die Betriebskostenverordnung (bzw. auf die bis zum 31.12.2003 geltende, fast wortgleiche II. Berechnungsverordnung).

  Dies wird von der Rechtsprechung als wirksame Verein-

barung akzeptiert (BGH WuM 2004, 290; OLG Frankfurt WuM 2000, 411): Ein durchschnittlicher Mieter wisse, was auf ihn zukommt, wenn er eine Vereinbarung zur Zahlung von Betriebskosten gemäß der Betriebskostenverordnung schließe. Deshalb müssten die verschiedenen Betriebskostenarten nicht mehr einzeln im Vertrag aufgeführt werden. Erfahrungen des Deutschen Mieterbundes und der örtlichen Mietervereine lassen diese Einschätzung der Richter jedoch als mehr als fraglich erscheinen.
Unproblematisch sind die „Bezugnahme-Regelungen" nur, wenn gleichzeitig ein konkreter monatlicher Vorauszahlungsbetrag für die Betriebskosten vereinbart oder wenn im Anhang des Mietvertrags eine Liste der verschiedenen Betriebskostenarten mit abgedruckt wird. Zumindest dürfte eine Vertragsregelung, wonach der Mieter „zusätzliche Kosten nach der II. BV übernimmt", unwirksam sein. Eine Vereinbarung, in der noch nicht einmal das Wort „Betriebskosten" auftaucht, ist alles andere als eindeutig und bestimmt.

Unbestimmte Klauseln unzulässig

- Vereinbarungen, nach denen der Mieter „die Nebenkosten trägt" oder „Kosten für Nebenkosten zahlt" oder einfach „Betriebskostenvorauszahlungen" vereinbart werden (BGH WuM 2012, 453) sind zu unbestimmt und damit unwirksam. Das trifft auch für die Formulierung: „Sämtliche anfallenden Nebenkosten gehen zu Lasten des Mieters." zu. Im Gegensatz zu den „Bezugnahme-Regelungen" kann der Mieter hier nämlich gar nicht wissen, welche Kosten auf ihn zukommen werden.
- Unwirksam, weil zu unbestimmt, sind auch Absprachen, wonach die Mieter „Hausgebühren" oder „Grundbesitzabgaben" zu zahlen haben.
- Vereinbaren die Vertragspartner nur, dass die Heizkosten auf die Miete umgelegt werden, müssen alle anderen Betriebskostenarten vom Vermieter selbst getragen werden.

VORAUSZAHLUNG ODER PAUSCHALE?

Mietvertrag regelt Zahlungsweise

Im Mietvertrag ist nicht nur zu regeln, ob und – wenn ja –, welche Betriebskosten von Mietern zu zahlen sind, sondern es muss darin auch vereinbart werden, wie gezahlt werden soll.

Üblicherweise überweisen Mieter monatlich einen bestimmten Betrag für die Betriebskosten. Das kann eine Pauschale oder eine Vorauszahlung sein.

Pauschale

Vorsicht
Im umgekehrten Fall trägt der Mieter das Risiko. Er kann keine Rückzahlung zu viel gezahlter Pauschalen verlangen, wenn die Betriebskosten tatsächlich niedriger liegen als ursprünglich veranschlagt.

Bei einer Pauschale sind alle Kosten mit der monatlichen Zahlung abgegolten. Eine Abrechnung einmal im Jahr gibt es nicht. Der Vermieter trägt das Risiko, dass die monatlichen Pauschalzahlungen ausreichen, um die tatsächlich angefallenen Kosten zu decken.

Zwar bringt die Pauschalierung durchaus Vorteile mit sich. Der Mieter weiß zum Beispiel von Anfang an, mit welchen Kosten er letztlich rechnen muss. Und der Vermieter spart sich die Arbeit und den Ärger rund um die Betriebskostenabrechnung.

Pauschale für Heizung und Warmwasser unzulässig

immer verbrauchs-abhängig abr.

Trotzdem wird die Betriebskostenpauschale in der Praxis eher selten verwendet. Denn sie hat den Nachteil, dass sich sparsamer Umgang, zum Beispiel mit Wasser, für den einzelnen Mieter dabei nicht lohnt: Unabhängig vom Verbrauch zahlt er weiter seine volle Pauschale. Das ist auch ein Grund, weshalb die Heizkostenverordnung vorschreibt, dass bei Heizkosten und Warmwasser keine Pauschale vereinbart werden darf, sondern verbrauchsabhängig abzurechnen ist. Damit wird für den Einzelnen ein Anreiz geschaffen, Energie und Kosten zu sparen. Deshalb gehen die Bestimmungen der Heizkostenverordnung mietvertraglichen Regelungen vor. Ist dort also eine Pauschale vereinbart, kann die für alle anderen Betriebskostenarten gelten – aber nicht für Heiz- und Warmwasserkosten.

Erhöhungen der Pauschale

Steigen die Betriebskosten, kann der Vermieter nicht ohne Weiteres eine höhere Pauschale festlegen oder verlangen. Pauschale bedeutet letztlich Festbetrag.

Eine Erhöhung ist nur denkbar, wenn die Möglichkeit hierzu ausdrücklich im Mietvertrag vorgesehen ist.

Dann muss der Vermieter genau darlegen, wann, um welchen Betrag und aus welchem Grund die Betriebskosten gestiegen sind. Gleichzeitig muss er erklären, wie sich das für die einzelne Wohnung bzw. das konkrete Mietverhältnis auswirkt.

Anhebungen erklären

Es reicht nicht aus, wenn er allgemein auf gestiegene Löhne und höhere kommunale Gebühren verweist. Damit der Vermieter eine wirksame Erhöhung der Betriebskosten geltend machen kann, muss er genau erklären, wann die Grundsteuer oder die Wasser- und Abwassergebühren teurer geworden sind und was der Hausmeister jetzt verdient. Ohne entsprechende Erklärungen müssen Mieter nicht zahlen.

Bei einer wirksamen Erhöhung der Betriebskostenpauschale dagegen muss der Mieter zahlen. Eine ausdrückliche Zustimmung von ihm ist nicht erforderlich. Ab dem übernächsten Monatsersten wird die höhere Pauschale fällig.

Der Mieter bekommt die Erhöhungserklärung am 12. September. Die höhere Pauschale gilt ab 1. November.

Niedrigere Pauschale

Information der Mieter

Theoretisch ist es denkbar, dass eine Betriebskostenpauschale reduziert werden muss. Sinken die Betriebskosten auf breiter Front, muss der Vermieter die Pauschale herabsetzen und die Mieter entsprechend informieren.

Der Mieter hat nur dann einen Auskunftsanspruch gegen den Vermieter hinsichtlich der tatsächlichen Höhe der von der Pauschale abgedeckten Betriebskosten, wenn konkrete Anhaltspunkte für eine nachträgliche Ermäßigung der Betriebskosten bestehen. Kommt es nur bei einzelnen Betriebskostenarten zu Ermäßigungen, sind sie nicht relevant, wenn sie von Erhöhungen bei anderen Betriebskosten ausgeglichen werden (BGH WuM 2011, 688).

Da Betriebskosten normalerweise aber nur steigen – ein „Auf und Ab" gibt es allenfalls bei den Energiepreisen, also den verbrauchsabhängig abgerechneten Heizkosten – sind Reduzierungsforderungen bei der Betriebskostenpauschale wohl nur theoretischer Art.

Vorauszahlungen

In der Regel werden im Mietvertrag monatliche Vorauszahlungen für die Betriebskosten vereinbart. Solche Vorauszahlungen sind praktisch Abschlagszahlungen. Einmal im Jahr muss der Vermieter dann über die Betriebskosten abrechnen.

Tipp

Letztlich sind angemessene Vorauszahlungen aber im Interesse beider Vertragsparteien. Der Mieter vermeidet so hohe Nachzahlungen am Ende der Abrechnungsperiode, und der Vermieter muss nicht den Gesamtbetrag der Betriebskosten ein Jahr im Voraus finanzieren.

Waren die Betriebskosten in der Abrechnungsperiode höher als die monatlichen Vorauszahlungen, muss der Mieter nachzahlen. Ergibt die Betriebskostenabrechnung, dass die Vorauszahlungen über den tatsächlich angefallenen Kosten lagen, bekommt der Mieter den Überschuss, das zu viel Gezahlte zurück.

Mieter und Vermieter können grundsätzlich frei entscheiden, ob sie überhaupt monatliche Vorauszahlungen festsetzen – eine gesetzliche Verpflichtung hierzu gibt es nicht.

Die monatlichen Vorauszahlungsbeträge beziehen sich meistens auf alle Betriebskostenarten, die der Mieter zu zahlen hat. Es müssen im Mietvertrag nicht Vorauszahlungsbeträge für jede einzelne Kostenart aufgeschlüsselt oder angegeben werden.

Häufig wird aber ein Vorauszahlungsbetrag für die Heiz- und Warmwasserkosten und ein zweiter Betrag für die übrigen Betriebskosten vereinbart.

VEREINBARUNG AUSLEGEN

Im Einzelfall kann es Streit über die Frage geben, ob eine Pauschale oder eine Vorauszahlung vereinbart worden ist. Oft werden die Begriffe auch in Formularmietverträgen nicht „sauber" auseinandergehalten. Steht im Vertrag, dass Mieter und Vermieter eine Betriebskostenpauschale vereinbaren, über die einmal im Jahr abgerechnet wird, dann ist das widersprüchlich und geht eigentlich gar nicht. Dann muss der Vertrag ausgelegt und geklärt werden, was Mieter und Vermieter tatsächlich vereinbaren wollten. Bei einer „abzurechnenden Pauschale" spricht genauso wie bei „Abschlagszahlungen" alles dafür, dass Betriebskostenvorauszahlungen gemeint waren und keine Pauschale vereinbart werden sollte. Steht im Mietvertrag „Vorauspauschale", soll auch das bedeuten, dass abgerechnet werden darf (BGH WuM 2008, 225).

Vorsicht

Kann nicht eindeutig geklärt werden, was mit der Formulierung im Mietvertrag gemeint war, geht das zu Lasten des Vermieters, der den Mietvertrag gestellt hat. Dann gilt im Zweifel die für den Mieter günstigste Vertragsregelung. Das kann die Pauschale sein, unter Umständen aber auch eine Vorauszahlung.

FESTSETZUNG DER VORAUSZAHLUNG

Bei Abschluss des Mietvertrages und der Vereinbarung zur Zahlung der Betriebskosten wird auch die Höhe der monatlichen Vorauszahlungen festgelegt. Nach dem Gesetz dürfen Betriebskosten nur in angemessener Höhe vereinbart werden. Angemessen bedeutet, die tatsächlich erwarteten Betriebskosten und die darauf erhobenen Vorauszahlungen müssen in einer vernünftigen Relation zueinander stehen.

Diese Regelung schützt allerdings Mieter allenfalls vor überhöhten, nicht aber vor zu niedrig festgesetzten Vorauszahlungen.

Auf den ersten Blick klingt es paradox: Zum einen hat der Vermieter immer ein starkes Interesse an möglichst hohen Vorauszahlungen. Dann muss er nämlich bei den Betriebskosten nicht in Vorleistung treten, kann für die Mieter bei der jährlichen Abrechnung ein Guthaben ausweisen und dieses auszahlen – im Zweifel besser als hohe Nachforderungen zu stellen.

Auf der anderen Seite kommt es aber immer wieder vor, dass Vermieter bei Vertragsabschluss eine günstige Gesamtmietbelastung vorgaukeln, indem sie die Betriebskostenvorauszahlungen für ihre neuen Mieter möglichst niedrig ansetzen.

Das böse Erwachen folgt dann meist nach einem Jahr mit der ersten Abrechnung: Hohe Nachzahlungen werden fällig und ab sofort müssen deutlich höhere Vorauszahlungsbeträge überwiesen werden.

Tipp

Beim Abschluss des Mietvertrages sollten Mieter nicht blauäugig sein. So ist die Frage zu klären, ob die Vorauszahlungen in realistischer Höhe vereinbart werden. Als Hilfsmittel können Mieter auf die Betriebskostenspiegel des Deutschen Mieterbundes zurückgreifen (vgl. S. 207).

Nach der Rechtsprechung des Bundesgerichtshofs (BGH WuM 2004, 2001) kann ein Mieter nicht darauf vertrauen, dass die vereinbarten Betriebskostenvorauszahlungen ausreichend sind, um die abzurechnenden Kosten zu decken. Auch deutlich zu niedrig angesetzte Vorauszahlungen sind zulässig. Das entspricht dem Grundsatz der Vertragsfreiheit. Dazu gehört eben auch, dass der Vermieter zu niedrige oder gar keine Vorauszahlungen verlangen kann. Legt der Vermieter bestimmte Vorauszahlungsbeträge fest, heißt das nur, dass die Beträge bei der Abrechnung selbst verrechnet werden müssen.

Im Abrechnungsjahr 2011 haben Mieter durchschnittlich 2,20 Euro pro Quadratmeter und Monat an Betriebskosten gezahlt. Theoretisch, wenn alle Betriebskostenarten aufaddiert werden, müssen Mieter sogar mit 2,97 Euro pro Quadratmeter und Monat rechnen.

Vorsicht bei niedrigen Vorauszahlungen

Setzt der Vermieter im Mietvertrag beispielsweise nur 1,- Euro pro Quadratmeter und Monat für die Betriebskostenvorauszahlungen an, müssen beim Mieter die Alarmglocken schrillen. In diesen Fällen kann er vom Vermieter eine schriftliche Bestätigung fordern, dass die vereinbarten Vorauszahlungen ausreichend sind.

Außerdem können sich Mieter die Vorjahresabrechnungen des Hauses zeigen lassen und prüfen, wie hoch die Betriebskosten tatsächlich ausgefallen sind. Weigert sich der Vermieter, kann zum Beispiel auch der Vormieter oder ein Nachbar angesprochen werden.

Tipp

Wer sich über anfallende Heizkosten informieren will, kann als Vergleichsmaßstab auch auf die Zahlen des Heizspiegels zurückgreifen. Bei der Anmietung einer Wohnung sollte auch nach dem Energieausweis für das Gebäude gefragt werden (vgl. S. 201 f.).

Schadenersatz

Wenn der Vermieter ausdrücklich bestätigt und zusichert, dass die monatlichen Vorauszahlungsbeträge ausreichend sind, kann der Mieter darauf vertrauen: Stellt sich bei der ersten Betriebskostenabrechnung heraus, dass dennoch hohe Nachzahlungen geleistet werden müssen, sind die Vermieternachforderungen in diesem Fall nach Ansicht des Landgerichts Berlin (MM 2003, 340) grundsätzlich auf die Höhe des Vorauszahlungsbetrages begrenzt.

Geringfügige Abweichungen erlaubt

Allerdings haben die Richter geringfügige Abweichungen, das heißt bis zu 15 Prozent Differenz, durchaus als akzeptabel zugelassen: unterhalb dieser Schwelle müssen Mieter Vorauszahlungen als angemessen kalkuliert ansehen und mögliche Nachforderungen zahlen.

Im Fall zu niedrig angesetzter Vorauszahlungen könnte der Mieter den Mietvertrag auch wegen arglistiger Täuschung anfechten oder fristlos kündigen. Voraussetzung dafür ist, dass der Vermieter ihn beim Abschluss des Mietvertrags bewusst getäuscht hat. Dann nämlich können Schadenersatzansprüche geltend gemacht werden. Allerdings setzt die Rechtsprechung dem Mieter dabei zwischenzeitlich hohe Hürden: So

Arglistige Täuschung

muss er darlegen, dass er den Mietvertrag nicht abgeschlossen hätte, wenn ihm die tatsächlichen Nebenkosten bekannt gewesen wären. Nach einem Urteil des OLG Dresden (RE WuM 2004, 83) muss der Mieter einen finanziellen Schaden nachweisen. Davon ist nur dann auszugehen, wenn er eine vergleichbare Wohnung erheblich günstiger hätte anmieten können oder wenn der Mieter geltend macht, dass er sich die Wohnung wegen der hohen Nebenkosten gar nicht leisten könne und ihm viel zu wenig Geld zur Lebensführung bliebe, wenn er diese zahlen würde.

Erhöhung und Ermäßigung der Vorauszahlungen

Abrechnung als Grundlage

Veränderungen bei den monatlichen Betriebskostenvorauszahlungen setzen immer eine formell ordnungsgemäße und inhaltlich richtige Abrechnung des Vermieters voraus (BGH WuM 2012, 321; BGH NJW 2012, 469): Sie ist Grundlage für eine eventuell notwendige Neuberechnung der Vorauszahlungsbeträge.

Gleichgültig, ob es um eine Erhöhung oder Ermäßigung der monatlichen Vorauszahlungen geht, das Verfahren ist identisch.

Ergibt sich aus der Betriebskostenabrechnung, dass der Mieter 1.800 Euro zahlen muss, und hat dieser bisher monatlich 100 Euro an Vorauszahlungen geleistet, dann muss er jetzt 600 Euro nachzahlen. Eine Anpassung der monatlichen Vorauszahlungen kann in angemessener Höhe erfolgen. Dazu wird das Abrechnungsergebnis – 1.800 Euro – durch 12 geteilt. Als angemessene Vorauszahlung ergibt sich ein Betrag von 150 Euro pro Monat.

Jede Mietpartei kann die Vorauszahlungsbeträge verändern. Bei Erhöhungen wird der Vermieter den Anspruch stellen. Zulässig ist, dass der Vermieter wegen realistisch zu erwartender Preissteigerungen auf den errechneten bzw. auf Basis der Vorjahresergebnisse ermittelten Vorauszahlungsbetrag noch einen Aufschlag erhebt. Dagegen darf der Vermieter keinen abstrakten Sicherheitszuschlag (zum Beispiel von 10 Prozent) auf die Betriebskosten oder einzelne Kostenarten fordern (BGH GE 2011, 1547).

Eine Erhöhung der monatlichen Vorauszahlungsbeträge ist auch aufgrund einer verspäteten Abrechnung zulässig. Hat der Vermieter die zwölfmonatige Abrechnungsfrist nicht eingehalten (vgl. S. 85), kann er keine Nachforderungen aus der verspäteten Abrechnung geltend machen. Er kann aber dieses Abrechnungsergebnis für eine Neuberechnung der Vorauszahlungen zugrunde legen (BGH WuM 2010, 490).

Keine rückwirkende Erhöhung

Der Vermieter muss schriftlich erklären, dass er ab sofort höhere Vorauszahlungen beansprucht. Eine rückwirkende Erhöhung von Vorauszahlungen ist nicht möglich – allein der Begriff schließt das schon aus.

Für schriftliche Erhöhungserklärungen reicht die sogenannte Textform (vgl. S. 84). Weitere Voraussetzungen müssen nicht erfüllt sein. Der Vertragspartner – hier der Mieter – muss nicht zustimmen. Fristen sind nicht einzuhalten, die höhere Zahlung muss ab dem nächsten Monatsersten erfolgen.

Zahlt der Mieter die hohen Vorauszahlungen nicht, kann ihm bei entsprechenden Zahlungsrückständen (z. B. zwei Monatsmieten) fristlos gekündigt werden (BGH GE 2012, 1162).

Stellt sich bei der Betriebskostenabrechnung heraus, dass der Mieter zu hohe Vorauszahlungen geleistet hat und er jetzt eine Rückzahlung bekommt, kann auch er die Anpassung der laufenden monatlichen Zahlungen vornehmen. Der Mieter kann die monatlichen Abschlagszahlungen von zum Beispiel 120 Euro auf 80 Euro im Monat reduzieren, wenn die abgerechneten Betriebskosten 960 Euro betragen. Dazu reicht die schriftliche Mitteilung an den Vermieter aus.

Tipp
Für Mieter und Vermieter gilt „Waffengleichheit“: Waren die Vorauszahlungen zu hoch, kann der Mieter die Monatszahlungen einseitig reduzieren, ohne den Vermieter zu fragen. Und umgekehrt: Haben die Vorauszahlungen nicht ausgereicht, kann der Vermieter neue, auskömmliche Monatsbeträge festsetzen.

Mieter können die laufenden Vorauszahlungen auch dann kürzen, wenn sie die ursprünglich fehlerhafte Abrechnung des Vermieters selbst korrigiert und ein Guthaben zu ihren Gunsten errechnet haben (BGH WuM 2013, 235). Grundlage für die Anpassung der Vorauszahlungsbeträge ist immer die fehlerfreie, inhaltlich richtige Abrechnung.

Bleiben Mieter und Vermieter untätig, obwohl sich Guthaben oder Nachforderung aus der Abrechnung ergeben, werden die Betriebskostenvorauszahlungen nicht automatisch an das Abrechnungsergebnis bzw. an die geänderten Umstände angepasst. Es steht beiden Vertragspartnern frei, auch künftig an den Vorauszahlungen auf der bisherigen Basis festzuhalten.

Veränderungen werden also nur vorgenommen, wenn eine Partei es ausdrücklich verlangt. Derjenige, der die Vorauszahlungen als nicht mehr angemessen betrachtet, passt die monatlichen Zahlungen entsprechend der Endabrechnung an.

RÜCKWIRKENDE KOSTENSTEIGERUNGEN

Grundsteuer und kommunale Abgaben

Insbesondere bei der Betriebskostenposition „Grundsteuer“, aber auch bei anderen kommunalen Abgaben ist es denkbar, dass der Vermieter ausnahmsweise einen Bescheid mit einer rückwirkenden Erhöhung erhält. Hat er zu diesem Zeitpunkt schon über die Betriebskosten abgerechnet oder sind alle Abrechnungsfristen verstrichen, stellt sich die Frage, ob er die Kosten trotzdem noch auf die Mieter abwälzen kann.

Haben Mieter und Vermieter eine Betriebskostenpauschale vereinbart (vgl. S. 22), regelt das Gesetz (§ 560 BGB) diese Frage: Innerhalb von drei Monaten, nachdem der Vermieter selbst von den höheren Kosten erfahren hat, muss er die Erhöhung gegenüber seinem Mieter erklären.

Der Vermieter erhält am 1. Oktober 2013 einen Bescheid der Stadt, wonach die Grundsteuer rückwirkend ab Januar 2013 erhöht wird. Er darf die Kosten rückwirkend geltend machen, wenn er seinem Mieter dies spätestens bis zum 31. Dezember 2013 mitteilt.

Die rückwirkende Erhöhung kann höchstens einen Zeitraum von zwei Jahren umfassen.

Ausnahme: Nettomiete

Haben Mieter und Vermieter eine Nettomiete mit monatlichen Betriebskostenvorauszahlungen vereinbart, gilt zumindest teilweise etwas anderes: Auch hier gilt zwar die Dreimonatsfrist (BGH WuM 2006, 516), die nachträgliche Kostenumlage ist aber nicht auf das laufende und vorausgegangene Kalenderjahr begrenzt. Der Vermieter kann Nachforderungen hierbei über mehrere Jahre auf Grundlage des Grundsteuerbescheids geltend machen. Fordert er entsprechende Nachzahlungen von seinen Mietern, muss er sie spätestens drei Monate, nachdem er den Bescheid erhalten hat, darüber informieren.

Es spielt keine Rolle, dass diese Abrechnungszeiträume schon abgerechnet und alle Abrechnungsfristen mittlerweile verstrichen sind (LG Rostock WuM 2009, 727). Der Gesetzgeber geht davon aus, dass der Vermieter diese Fälle nicht zu vertreten hat (vgl. S. 123).

Tipp

Gerade in solchen Fällen muss der Grundsatz der Wirtschaftlichkeit (vgl. S. 118) beachtet werden. Der Vermieter darf sich über die Betriebskostenabrechnung keinen überflüssigen oder überteuerten Versicherungsschutz von seinen Mietern bezahlen lassen.

NEUE BETRIEBSKOSTEN

Während des laufenden Mietverhältnisses darf ein Vermieter neu entstandene Betriebskosten abrechnen, wenn diese Kostenarten im Mietvertrag als Betriebskosten vereinbart sind und der Mietvertrag einen Erhöhungsvorbehalt, eine sogenannte Mehrbelastungsklausel, enthält (BGH WuM 2006, 612). Folgt aus dem abgeschlossenen Mietvertrag, dass Mieter die Kosten der Sach- und Haftpflichtversicherung zahlen sollen, dann gilt dies auch für eine neue Versicherung, die der

Vermieter später abschließt. Diese Kosten können ebenfalls umgelegt werden.

NICHT VEREINBARTE ODER NICHT ENTSTANDENE KOSTEN

Hat der Vermieter bei Vertragsabschluss nicht alle umlagefähigen Kosten vereinbart, zum Beispiel die Position „Hausmeister", „Versicherung" oder „Fahrstuhl" vergessen, kann er dies später nicht mehr ohne Weiteres nachholen, also einseitig ändern. Das ist – wie immer bei vertraglichen Absprachen – nur mit Zustimmung des Vertragspartners möglich. Der Mieter müsste zustimmen, dass die vergessene Position nachträglich in den Mietvertrag aufgenommen wird.

Anders ist es, wenn der Vermieter trotz vertraglicher Vereinbarung einzelne Nebenkostenpositionen nicht abrechnet, zum Beispiel die Kosten der Hausreinigung jahrelang nicht umgelegt hat. Das kann er einseitig sofort und für die Zukunft ändern. Selbst wenn der Vermieter vertraglich vereinbarte Betriebskosten jahrelang vergessen hat abzurechnen, kann er sie bei der nächsten Betriebskostenabrechnung sofort wieder einstellen.

STILLSCHWEIGENDE VEREINBARUNGEN ODER VERÄNDERUNGEN

Hat ein Vermieter jahrelang überhaupt nicht oder einzelne Kostenpositionen nicht abgerechnet, berufen sich Mieter mitunter auf eine vermeintlich „stillschweigende Vereinbarung" oder eine „stillschweigende Vertragsänderung".

Umgekehrt berufen sich auch Vermieter auf stillschweigende Absprachen, zum Beispiel wenn Mieter über Jahrzehnte hinweg die abgerechnete Grundsteuer oder Versicherungsbeträge bezahlt haben, obwohl sie hierzu vertraglich gar nicht verpflichtet waren. Zwar können sich Mieter und Vermieter auch nach Abschluss des Mietvertrages noch auf Änderungen verständigen, ohne dass dies schriftlich festgehalten wird und ohne dass darüber ausdrücklich gesprochen wurde.

§

Solche stillschweigenden Vereinbarungen sind aber eher selten. Hierzu reicht es nicht aus, wenn der Mieter jahrelang nicht geschuldete Nebenkosten zahlt und die Abrechnung des Vermieters widerspruchslos akzeptiert. Nach einer Entscheidung des Bundesgerichtshofs (WuM 2007, 694) kann nicht zwingend davon ausgegangen werden, dass der Vermieter das Mietverhältnis ändern will, wenn er über vertraglich nicht vereinbarte Kosten abrechnet. Erst recht kann aus der Zahlung dieser Kosten durch den Mieter nicht geschlossen werden, dass auch er den Vertrag ändern will. Tatsächlich zahlt der Mieter, weil er glaubt, hierzu verpflichtet zu sein, weil er von der Richtigkeit der Abrechnung ausgeht. Dagegen will er keinen neuen Vertrag schließen oder den alten Vertrag ändern.

Recht auf Abrechnung

Umgekehrt gilt dies aber auch zum Nachteil des Mieters. Hat der Vermieter jahrelang nicht abgerechnet, kann ihm nicht unterstellt werden, er wollte hierdurch stillschweigend den Mietvertrag ändern. Der Vermieter verliert sein Recht auf Abrechnung nicht – auch dann nicht, wenn er 20 Jahre keine Endabrechnung geschickt hat (BGH WuM 2008, 225).

02 BETRIEBSKOSTEN – WAS IST DAS?

In der Betriebskostenverordnung ist der Begriff der „Betriebskosten“ definiert: Kosten, die dem Eigentümer durch das Eigentum oder durch den bestimmungsmäßigen Gebrauch des Gebäudes laufend, also immer wieder, entstehen. Ganz konkret wird es in Paragraph 2 der Betriebskostenverordnung. In den Ziffern 1 bis 17 sind die verschiedenen Betriebskostenarten aufgelistet, die der Vermieter – soweit vertraglich vereinbart – auf die Mieter umlegen kann.

Betriebskosten sind die Kosten, die dem Eigentümer oder Erbbauberechtigten durch das Eigentum oder Erbbaurecht am Grundstück oder durch den bestimmungsmäßigen Gebrauch des Gebäudes, der Nebengebäude, Anlagen, Einrichtungen und des Grundstücks laufend entstehen.

Auflistung der Kostenarten

Der Gesetzgeber hat in Paragraph 2 der Betriebskostenverordnung in den Ziffern 1 bis 17 die verschiedenen Betriebskostenarten aufgelistet. Das können unterschiedliche Kostenarten sein. Entscheidend ist, dass sie konkrekt vertraglich vereinbart sind und die Voraussetzungen für Betriebskosten erfüllen.

Charakteristische Kriterien für Betriebskosten sind:

TATSÄCHLICH ENTSTANDENE KOSTEN

Nur die Aufwendungen, die dem Vermieter tatsächlich entstanden sind, dürfen im Verhältnis 1:1 an die Mieter des Hauses weitergegeben werden. Kosten für den Hauswart darf der Vermieter nur abrechnen, wenn er auch jemanden mit dieser Aufgabe beschäftigt und ihn dafür bezahlt hat.

Aber: Statt der Kosten des fest angestellten Hausmeisters darf der Vermieter auch fiktive Kosten eines entsprechenden Unternehmens ansetzen (BGH WuM 2013, 44).

Risikorückstellungen, Ansparungen auf künftige Aufwendungen usw. sind keine Betriebskosten.

Einnahmen sind zu berücksichtigen

Einnahmen des Vermieters, die im Zusammenhang mit den Betriebskosten erzielt werden, sind zu berücksichtigen: Eine Förderung der Personalkosten für den Hausmeister durch das Arbeitsamt ist ebenso zu verbuchen wie Einnahmen aus einem Münzautomaten in der Waschküche. Auch Rückerstattungen, Boni oder Rabatte sind von den entstandenen Kosten abzuziehen.

OBJEKTBEZOGENE KOSTEN

Als Betriebskosten werden nur Kosten gezählt, die durch den bestimmungsmäßigen Gebrauch des vermieteten Objekts verursacht werden. Das bedeutet: Geht es um die Kosten für die Mietsache und die Mietwohnung, liegen im Zweifel Betriebskosten vor. Anders, wenn es nur um den Schutz oder die Ansehnlichkeit des Eigentums bzw. die Interessen des Eigentümers geht. Betreibt der Eigentümer im Haus einen Taubenschlag, dann sind hieraus resultierende Reinigungsarbeiten keine Betriebskosten.

LAUFENDE KOSTEN

Wiederkehrende und regelmäßige Kosten

Betriebskosten sind laufende Kosten, die nicht einmalig, sondern regelmäßig anfallen. Laufend bedeutet nicht zwingend jährlich, sondern die Kosten können auch in längeren Zeiträumen entstehen. Sie müssen aber wiederkehrend und regelmäßig sein (LG Siegen WuM 1992, 630).

Muss ein Baum gefällt werden, gehört dies nicht zwingend zu den typischen Gartenpflegearbeiten. Ein plötzlicher Mäuse- oder Kakerlakenbefall rechtfertigt keine Betriebskosten für Ungezieferbekämpfung.

KOSTEN DES EIGENTÜMERS

Nur Kosten, die dem Eigentümer bzw. Vermieter zugeordnet werden können, sind Betriebskosten. Haushaltsstrom gehört in aller Regel nicht zu den Betriebskosten, Strom zahlt der Mieter direkt aufgrund eines eigenen Vertrages an den Versorger.

Muss der Mieter selbst Müllmarken, Müllsäcke oder Ähnliches kaufen, sind auch das keine Betriebskosten. Ebenso fallen keine Betriebskosten an, wenn der Mieter laut Mietvertrag das Treppenhaus selber zu reinigen hat und somit gar keine Kosten entstehen.

EIGENLEISTUNGEN DES VERMIETERS

Die Betriebskostenverordnung (§ 1 Absatz 1 Satz 2) erlaubt ausdrücklich, dass Eigenleistungen des Vermieters als Betriebskosten abgerechnet werden dürfen.

Das ist vernünftig, denn auch Mieter haben finanzielle Vorteile, wenn Vermieter durch ihre eigene Arbeitskraft Leistungen in gleicher Qualität unter Umständen günstiger erbringen können als durch „eingekaufte Fremdleistungen" von Dritten. Eigenleistungen des Vermieters widersprechen eigentlich dem Grundsatz, dass abgerechnete Kosten tatsächlich entstanden und belegbar sein müssen. Auf der anderen Seite handelt der Vermieter, der mit seinen Eigenleistungen den Gesamtaufwand im Zweifel reduziert, letztlich im Interesse des Mieters.

Angemessene Kosten anzusetzen

Natürlich dürfen sich die Kosten durch die Eigenleistungen im Vergleich zur Auftragserteilung an eine Drittfirma nicht erhöhen. Zweifelt der Mieter, dass angesetzte Kosten angemessen sind, ist der Vermieter in der Pflicht, diese darzulegen und zu beweisen. Angemessen sind die marktüblichen Preise, die für entsprechende Drittleistungen bezahlt werden müssten.

Das bedeutet, der Vermieter kann für seine Eigenleistungen Aufwendungen in der Höhe zugrunde legen, wie sie sonst bei einem Handwerker angefallen wären – ohne Mehrwertsteuer. Anders, wenn der Ehepartner die Dienstleistung unentgeltlich erbracht hat (LG Berlin GE 2012, 205).

KEINE VERWALTUNGSKOSTEN

Verwaltungskosten können nicht als Betriebskosten umgelegt werden. Anderslautende Klauseln oder Regelungen in einem Wohnraummietvertrag sind unwirksam. Einzige Ausnahme: Der Gesetzgeber legt ausdrücklich fest, dass Verwaltungskosten als Betriebskosten angesehen werden dürfen. Das gilt zum Beispiel für die Erstellung einer Heizkostenabrechnung.

§

In Paragraph 1 der Betriebskostenverordnung werden Verwaltungskosten definiert als:

- Kosten der zur Verwaltung des Gebäudes erforderlichen Arbeitskräfte und Einrichtungen,
- Kosten der Aufsicht,
- Wert der vom Vermieter persönlich geleisteten Verwaltungsarbeit,
- die Kosten für die gesetzlichen oder freiwilligen Prüfungen des Jahresabschlusses,
- Kosten für die Geschäftsführung.

Verwaltungskosten entstehen durch Arbeiten und Abläufe, die die Vermietbarkeit der Wohnung herbeiführen, weiter sichern und abwickeln.

Typische Verwaltungskosten sind:

- Personal- und Sachkosten für die Bewirtschaftung des Objekts,
- Kosten für Steuerberater, Rechtsanwalt, Unternehmensberater,
- Kosten für die Prüfung der Jahresabschlüsse,
- Kosten für die Erstellung der Betriebskostenabrechnung (Ausnahme Heizkostenabrechnung),
- Beiträge zu Verbänden,
- Bankgebühren, Porto, Zinsen usw.

KEINE KOSTEN FÜR INSTANDHALTUNG UND -SETZUNG

Mängelbeseitigung keine Betriebskosten

02

Entstehende Kosten, um die durch Abnutzung, Alterung und Witterungseinwirkung bedingten baulichen oder sonstigen Mängel ordnungsgemäß zu beseitigen, zählt die Betriebskostenverordnung zu den Instandhaltungs- und Instandsetzungskosten (§ 1). Auch diese Kosten sind in keinem Fall Betriebskosten, es sei denn, die Betriebskostenverordnung bestimmt ausdrücklich, dass konkrete Kosten umgelegt werden dürfen, zum Beispiel Kosten für das Erneuern von Pflanzen und Gehölzen.

Auch Instandhaltungsrücklagen, die regelmäßig in Abrechnungen von Wohnungseigentümergemeinschaften eingestellt werden, sind keine Betriebskosten. Wohnungseigentümer müssen derartige Kosten zahlen. Ist die Eigentumswohnung vermietet, darf der Wohnungseigentümer die ihm in Rechnung gestellten Rücklagen nicht in die Betriebskostenabrechnung für seine Mieter aufnehmen.

Instandsetzungen, also Reparaturarbeiten, sind grundsätzlich mit Zahlung der Miete abgegolten. Sie sind Sache des Vermieters. Er muss dafür sorgen, dass sich die Wohnungen inklusive Hausflur und Gemeinschaftsräume immer in einem ordentlichen und vertragsgemäßen Zustand befinden.

„KALTE" UND „WARME" BETRIEBSKOSTEN

Drei der in der Betriebskostenverordnung aufgeführten Kostenarten betreffen Heizung und Warmwasser (Paragraph 2 Ziffern 4 bis 6). Es sind die sogenannten „warmen" Betriebskosten. Hierunter fallen sowohl Kosten für die Reinigung und Wartung einer Gasetagenheizung oder von Warmwassergeräten als auch die Kosten für zentral beheizte Wohnungen und Häuser. Hier gibt es die Besonderheit, dass die Kosten verbrauchsabhängig abgerechnet werden müssen (vgl. S. 130).

Die restlichen Betriebskostenarten sind sogenannte „kalte" Betriebskosten, die nichts mit der Erwärmung der Wohnung zu tun haben.

„KALTE" BETRIEBSKOSTEN

03

Der in der Betriebskostenverordnung veröffentlichte Betriebskostenkatalog enthält neben den Kosten für Heizung und Warmwasser insgesamt 15 verschiedene „kalte" Betriebskostenarten. Was sich hinter den einzelnen Kosten verbirgt und welche typischen Probleme und Fehler bei diesen Kostenpositionen auftreten können, wird auf den nachfolgenden Seiten beschrieben und erklärt.

Welche Betriebskostenarten auf die Mieter zusätzlich zur Miete zukommen können, legt die Betriebskostenverordnung fest.

Diese Verordnung ist am 1. Januar 2004 in Kraft getreten. Bis dahin galt die weitgehend identische II. Berechnungsverordnung mit dem Katalog der umlegbaren Betriebskosten in Anlage 3 zu Paragraph 27 II. BV. Für Mietvertragsabschlüsse vor dem 1. Januar 2004 gelten formal die Regelungen der II. Betriebskostenverordnung weiter.

ÖFFENTLICHE LASTEN – GRUNDSTEUER

In der Betriebskostenverordnung heißt es wörtlich: „Betriebskosten sind die laufenden öffentlichen Lasten des Grundstücks, hierzu gehört namentlich die Grundsteuer."

Die Grundsteuer ist nahezu der einzige, zumindest aber der wichtigste Fall der „öffentlichen Lasten", die unter Ziffer 1 der Betriebskostenverordnung aufgeführt sind.

Daneben sind theoretisch noch regionale Abgaben, wie etwa Deichabgabe oder Beiträge an den Wasser- und Bodenverband, denkbar.

Keine Beiträge für Erschließungsmaßnahmen

Nicht unter den Begriff „öffentliche Lasten" fallen Anliegerbeiträge für Erschließungs- und Anschlussmaßnahmen für das Grundstück. Das gilt auch dann, wenn diese Beiträge „wiederkehrend" sind oder als laufende Gebühren bezeichnet werden.

Es gibt eine Grundsteuer A (Agrar) und Grundsteuer B (baulich). Im Wohnraummietrecht bzw. Betriebskostenrecht geht es in aller Regel nur um die Grundsteuer B.

Die Grundsteuer wird von den jeweiligen Kommunen erhoben. Sie ist eine Steuer auf das Eigentum an Grundstücken und der

Bebauung. Laut Betriebskostenspiegel (vgl. S. 207) des Deutschen Mieterbundes zahlten Mieter im Abrechnungsjahr 2011 durchschnittlich 0,19 Euro pro Quadratmeter und Monat für Grundsteuer.

Einheitswert bestimmt Grundsteuer

Allerdings schwankt die Höhe der Grundsteuer sehr stark. Jede Gemeinde kann den Faktor „Hebesatz" für die Grundsteuer eigenständig festschreiben, es gibt hier keine Beschränkungen. Daneben wird die Höhe der Grundsteuer für die einzelne Immobilie maßgeblich von dem zugrunde liegenden Einheitswert bestimmt.

Typische Probleme und Fehler

Gemischte Wohnanlagen

a) In „gemischten" Wohnanlagen mit Wohnungen und Gewerberäumen kann es notwendig sein, dass die Grundsteuer aufgeteilt und nur der Teil auf die Wohnungsmieter umgelegt wird, der tatsächlich auf die Wohnräume entfällt. Grund ist, dass Vermieter in der Regel Gewerbeeinheiten teurer vermieten können, was Einfluss auf den Einheitswert und damit auf die Höhe der Grundsteuer hat.
   Der Bundesgerichtshof (WuM 2006, 684) verlangt eine Aufspaltung in Kosten für Gewerbe und Kosten für Wohnraum dann, wenn Mieter geltend machen und gegebenenfalls beweisen können, dass die Gewerbemieter höhere Kosten verursachen. Das dürfte bei der Grundsteuer aber in der Regel der Fall sein, es sei denn, der Anteil der gewerblichen Nutzung an der Gesamtimmobilie ist vergleichsweise niedrig.
   Trennt der Vermieter die Gewerbekosten nicht von vornherein ab, sollten sich Mieter Grundsteuer- und Einheitswertbescheid zeigen lassen.
b) Weist die Gemeinde die Grundsteuer bei einer Doppelhaushälfte für jede Haushälfte gesondert aus, kann der Vermieter den Bescheid an den Mieter der einen Haushälfte direkt „weiterleiten". Er muss nicht zuerst die Gesamtkosten ermitteln, das heißt, die beiden Grundsteuerbescheide für

das Haus addieren, und dann wieder aufteilen (BGH WuM 2011, 281).

Vermietete Eigentumswohnungen

c) Für Eigentumswohnungen ergehen eigenständige Grundsteuerbescheide. Der jeweilige Bescheid kann ohne weitere Rechenoperation in die Betriebskostenabrechnung für die Mieter der Wohnung eingestellt werden. Kosten, die von einem Drittel speziell für eine Wohnung erhoben werden, können vom Vermieter direkt an die Mieter weitergeleitet werden (BGH WuM 2013, 358).

Grundsteuererhöhung auch rückwirkend

d) Grundsteuer gehört zu den Kostenarten, die unter Umständen von den Kommunen auch rückwirkend geltend gemacht und erhöht werden können. Auch wenn für den Vermieter eine Grundsteuervergünstigung wegfällt, kann er die höhere Grundsteuer anteilig auf die Mieter umlegen, vorausgesetzt, im Mietvertrag ist vereinbart, dass die Grundsteuer neben der Miete zu zahlen ist. Diese Forderung kann auch gegenüber einem Mieter erhoben werden, dessen Mietverhältnis schon beendet ist (LG Rostock WuM 2009, 232). Die Forderung des Vermieters darf aber noch nicht verjährt sein (vgl. S. 127).

WASSERVERSORGUNG

Zu den Kosten der Wasserversorgung (Kaltwasser) gehören:

- die Kosten des Wasserverbrauchs,
- die Grundgebühren,
- die Kosten der Anmietung und anderer Arten der Gebrauchsüberlassung von Wasserzählern,
- die Kosten ihrer Verwendung einschließlich der Kosten der Eichung sowie der Kosten der Berechnung und Aufteilung,
- die Kosten der Wartung von Wassermengenreglern,
- die Kosten des Betriebs einer hauseigenen Wasserversorgungsanlage und einer Wasseraufbereitungsanlage einschließlich der Aufbereitungsstoffe.

Kaltwasser und Zählergebühr

Achtung: Kosten für die nach der Trinkwasserverordnung vorzunehmende Überprüfung auf Legionellenbefall sind Kosten der Warmwasserversorgung (vgl. S. 139).

Bezahlt werden müssen hier in erster Linie die Kosten, die das Wasserversorgungsunternehmen dem Vermieter in Rechnung stellt. Das sind die Kosten für das Kaltwasser, dazu kommen gegebenenfalls Kosten einer Grundgebühr für den Hauptzähler. Die vom Hauptzähler erfasste Kubikmeterzahl weist aus, welche Kaltwassermenge zu bezahlen ist.

Wasserkosten können – wie Heiz- und Warmwasserkosten auch – verbrauchsabhängig auf die Mieter des Hauses verteilt werden. Dazu sind Wasserzähler in den einzelnen Wohnungen erforderlich. Je nach Installation im Haus müssen mehrere Wasserzähler angebracht werden, ein Zähler pro Wasserstrang. Der Einbau von Wasserzählern ist auf Grundlage von Landesbauordnungen nahezu überall für den Neubau vorgeschrieben. Im Wohnungsbestand sind derartige Verpflichtungen aber die Ausnahme. Hier hat es der Vermieter in der Hand, ob er Wasseruhren – als Modernisierung – installiert oder nicht.

Wasseruhrenkosten umlagefähig

Mietet oder least der Vermieter Wasseruhren, können die Kosten – ebenso wie die Erfassungs-, Eich- und Berechnungskosten – auf die Mieter umgelegt werden. Zwar sind Kosten für die Ablesung der Wasseruhren oder für die Erstellung der Abrechnung typische Verwaltungskosten. Trotzdem erklärt die Betriebskostenverordnung diese Kosten hier für umlagefähig.

Wie auch bei den Heiz- und Warmwasserkosten (vgl. S. 130 f.) erstellt in der Regel ein Wärmemessdienstunternehmen die Abrechnung. Verfasst dieses Unternehmen auch noch die Abrechnung für die übrigen „kalten“ Betriebskosten, muss der Mieter hierfür nicht zahlen.

Eichfrist

Kaltwasserzähler müssen alle sechs Jahre geeicht werden. Die Gültigkeitsdauer für die Eichung beginnt am Ende des Jahres, in dem die Wasseruhren geeicht wurden. Das genaue Datum steht auf einer Plombe oder Marke am Gerät. Auch ungeeichte Wohnungswasserzähler dürfen ausnahmsweise weiter verwendet werden. Der Vermieter muss dann aber nachweisen, dass die angezeigten bzw. abgerechneten Werte zutreffend sind (BGH WuM 2011, 21).

In der Praxis bedeutet „Eichung“, dass die Geräte ausgetauscht werden. Dies ist die preisgünstigere Lösung, weil eine Nacheichung vor Ort nicht möglich ist.

Denkbare weitere Wasserkosten sind:

- Wartungskosten für vorhandene Wassermengenregler; die Geräte werden an Duschköpfen und Wasserhähnen installiert und verringern den Wasserverbrauch.
- Kosten einer hauseigenen Wasserversorgungsanlage (selten), das heißt es können Strom- und Wartungskosten für die Wasserpumpe oder die Anlage anfallen.
- Laufende Kosten einer Druckerhöhungsanlage, die bei niedrigem Wasserdruck benötigt wird, um das Wasser in die oberen Stockwerke zu pumpen.
- Laufende Kosten einer Wasseraufbereitungsanlage, die der Verbesserung der Wasserqualität dient, zum Beispiel den Kalkanteil des Wassers verringert.

§

Werden die Wasserkosten nicht verbrauchsabhängig mit Hilfe von Wasseruhren verteilt, werden sie – wie alle anderen Betriebskosten auch – nach dem im Vertrag vereinbarten Verteilerschlüssel auf die Wohnungen bzw. Mieter des Hauses umgelegt. Einen Anspruch auf Verteilung nach Personenzahl haben Mieter nur bei entsprechender vertraglicher Vereinbarung. Werden die Kosten nach Wohnfläche verteilt, ist das rechtmäßig.

Ist im Mietvertrag eine verbrauchsabhängige Abrechnung der Wasserkosten vereinbart, rechnet der Vermieter aber trotzdem nach Quadratmetern ab, kann der Mieter den auf ihn entfallenden Kostenanteil um 15 Prozent kürzen (BGH WuM 2012, 316; LG Berlin GE 2011, 1683).

Werden die Kosten für Wasser, Abwasser und Entwässerung in einer Position zusammengefasst, ist die Abrechnung nicht aus formellen Gründen unwirksam (BGH WuM 2012, 316).

Typische Probleme und Fehler

Gewerblicher Mehrverbrauch

a) Gewerbetreibende in einer Wohnanlage, wie zum Beispiel Gaststätten, Friseure, Gärtnereien usw., benötigen mehr Wasser als Wohnungsmieter. Wenn gewerbliche Mieter einen beträchtlichen Mehrverbrauch (mehr als 10 Prozent) haben, müssen die Wasserkosten getrennt für Gewerbe und Wohnungen berechnet werden. Dazu ist der gewerbliche Verbrauch über Wasserzähler zu erfassen bzw. ausnahmsweise zu schätzen (vgl. auch S. 118).

Sonderverbrauch einzelner Mietparteien

b) Sonderverbräuche, die ausschließlich dem Vermieter oder einer bestimmten Mietpartei zugute kommen, müssen separat erfasst werden, wenn es sich um nicht unerhebliche, mehr als 10 Prozent ausmachende Zusatzverbräuche handelt. Gemeint sind Fälle, in denen einzelne Mieter Stellplätze mit Wasseranschluss für die Autowäsche zugewiesen bekommen haben oder nur der Erdgeschossmieter den Garten nutzen und pflegen, das heißt bewässern, darf (AG Schöneberg GE 2011, 1622).

Leer stehende Wohnungen

c) Den Betriebskostenanteil für leer stehende Wohnungen im Haus muss der Vermieter selbst tragen (BGH WuM 2006, 440). Auch wenn die Wasserkosten nach Wohnfläche verteilt werden, kann der Vermieter in der Regel keine Änderung des Verteilerschlüssels fordern.
   Werden die Wasserkosten verbrauchsabhängig verteilt, dürfen zumindest verbrauchsunabhängige Kostenanteile, wie etwa die Grundgebühr, nicht dem jeweiligen individu-

ellen Wasserverbrauch der Mieter entsprechend umgelegt werden. Hierdurch wird das Risiko des Leerstandes von Wohnungen vom Vermieter auf den Mieter verlagert (BGH WuM 2010, 685. Vorinstanz: OLG Dresden WuM 2010, 158).

d) Überdimensionale Wasserzähler (zu hoher Nenndurchfluss) müssen ausgetauscht werden, wenn der Wasserversorger zählerabhängige Grundgebühren fordert und die Wasserkosten auch von der Zählergröße abhängen (BGH WuM 2010, 373).

e) Der Hauptwasserzähler zeigt in der Regel einen höheren Verbrauch an als alle Wohnungszähler zusammen. Diese Messdifferenzen werden mit zulässigen Fehlergrenzen und der höheren Messgenauigkeit des Hauptwasserzählers erklärt.

Hauptwasserzähler maßgeblich

Im Ergebnis gilt immer die Anzeige des Hauptwasserzählers. Diese Wasserkosten, die der Vermieter auch mit dem Versorgungsunternehmen abrechnet, werden anteilig nach dem Verhältnis der Anzeigenwerte der Wohnungszähler auf die Mieter verteilt.

Anders bei extrem hohen Differenzen zwischen Haupt- und Wohnungszähler: Zeigt der Hauptwasserzähler mehr als 20 Prozent als die Summe aller Wohnungszähler an, müssen die Wasserkosten im Haus nach den Wohnungszählern abgerechnet werden (LG Duisburg WuM 2006, 199).

f) Extrem hohe Verbräuche im Haus oder ein sprunghafter Anstieg gegenüber dem Vorjahr muss der Vermieter erklären. Er muss zum Beispiel ausschließen, dass ein Wasserrohrbruch, ein defekter Hauptzähler, Ablesefehler, undichte Toilettenspülungen usw. für den hohen Verbrauch verantwortlich sind. In diesen Fällen müssen die Mieter die Kosten des Mehrverbrauchs nicht tragen.

ENTWÄSSERUNG

Zu den Kosten der Entwässerung gehören:

- die Gebühren für die Haus- und Grundstücksentwässerung,
- die Kosten des Betriebs einer entsprechenden nicht öffentlichen Anlage,
- die Kosten des Betriebs einer Entwässerungspumpe.

Gesamtwasserverbrauch bestimmt Abwasserkosten

Neben den Wasserkosten (siehe S. 44 f.) müssen Mieter auch die Abwasserkosten als Betriebskosten zahlen. Die Höhe der Abwasserkosten richtet sich nach dem Gesamtwasserverbrauch im Haus. Zusammen machten die beiden Positionen im Abrechnungsjahr 2011 laut Betriebskostenspiegel des Deutschen Mieterbundes 0,35 Euro pro Quadratmeter und Monat aus.

Kosten der Grundstücksentwässerung

Die Abwasser-, Entwässerungs-, Siel- oder Kanalgebühren werden den Eigentümern auf Grundlage einer Gebührenordnung der Kommune per Abgabenbescheid in Rechnung gestellt. Soweit vor Ort auch Kosten für Niederschlagswasser, Oberflächenentwässerung oder Regenwasserkanal erhoben werden, darf der Vermieter diese Kosten ebenfalls in die Betriebskostenabrechnung einstellen. Es handelt sich um Kosten der Grundstücksentwässerung.

Auch die Stromkosten für eine Entwässerungspumpe, um Abwasser auf das Abflussniveau des öffentlichen Kanalnetzes zu pumpen, sind Kosten der Entwässerung.

Ist das Wohnhaus nicht an das öffentliche Kanalnetz angeschlossen, gehören zum Beispiel zu den umlagefähigen Kosten auch die Abfuhr von Schmutzwasser und Klärschlamm aus der Sickergrube oder Kläranlage und die Reinigung der Anlage.

Typische Probleme und Fehler

a) Kanalanschlussgebühren oder Abwasserbeiträge für die Erneuerung, Erweiterung oder Verbesserung des Kanalnetzes sind keine Betriebskosten.
b) Ebenfalls keine Betriebskosten sind Kosten für die Beseitigung einer Abflussverstopfung. Diese Instandhaltungskosten muss der Vermieter selbst zahlen, es sei denn, er kann den Verursacher der Abflussverstopfung feststellen und von diesem gegebenenfalls Schadenersatz verlangen.
c) Ähnlich wie die Wasserkosten können auch die Abwasserkosten für Gewerbebetriebe in der Wohnanlage höher sein als die der Wohnungen. Auch hier muss dann der Gewerbeanteil vorab ermittelt werden.

AUFZUG

Zu den Kosten des Betriebs des Personen- oder Lastenaufzugs gehören: die Kosten

- des Betriebsstroms,
- der Beaufsichtigung, Bedienung, Überwachung und Pflege der Anlage,
- der regelmäßigen Prüfung ihrer Betriebsbereitschaft und -sicherheit einschließlich der Einstellung durch eine Fachkraft sowie
- für die Reinigung der Anlage.

Betriebsstrom und Wartungskosten

Die laufenden Kosten für den Aufzug betrugen im Jahr 2011 laut Betriebskostenspiegel des Deutschen Mieterbundes 0,15 Euro pro Quadratmeter und Monat. Bezahlt werden müssen in erster Linie Betriebsstrom und Wartungskosten, dazu kommen Beaufsichtigungs- und Reinigungskosten.

Betriebsstrom fällt an für das Betreiben des Aufzugs und die Beleuchtung der Aufzugskabine. Existiert kein eigener Zähler für den Betriebsstrom des Aufzugs, können diese Kosten möglicherweise auch bei den Kosten für Allgemeinstrom als „Kosten der Beleuchtung“ (siehe S. 64 f.) abgerechnet werden.

Vorsicht

Kosten, die für die vorgeschriebenen Wartungsarbeiten durch eine Fachfirma am Fahrstuhl entstehen, sind umlagefähige Betriebskosten – vorausgesetzt, es handelt sich um echte Wartungs- und nicht um Instandsetzungsarbeiten.

Typische Wartungsarbeiten sind die Inspektion, die Überprüfung, das Einstellen und Abschmieren. Auch Kosten der Hauptprüfung durch den TÜV (alle zwei Jahre) sind ebenso umlagefähige Fahrstuhlkosten wie die laufenden Kosten der Notrufanlage oder für die Reinigung der Anlage.

Wird dagegen die Fahrstuhlkabine von innen gesäubert, sind das keine Fahrstuhlkosten, sondern gegebenenfalls Kosten der Gebäudereinigung (vgl. S. 57).

Typische Probleme und Fehler

a) Reparaturkosten bzw. Kosten für die Beseitigung einer Betriebsstörung sind keine Betriebskosten. Wartungskosten dagegen sind umlegbare Betriebskosten – diese muss der Mieter zahlen.

§

Schließt der Vermieter mit einer Wartungsfirma einen sogenannten Vollwartungsvertrag ab, sind auch Reparaturarbeiten von diesem Vertrag umfasst. Deshalb muss der Anteil für Reparaturkosten aus dem Vollwartungsvertrag herausgerechnet werden. Hierfür ist der Vermieter verantwortlich, er muss in der Betriebskostenabrechnung angeben, welchen Kostenanteil er für Reparaturarbeiten abgezogen hat (LG Berlin GE 99, 777). In den meisten Fällen ziehen die Gerichte zwischen 20 und 50 Prozent der Kosten des Vollwartungsvertrages als nicht umlagefähig ab (LG Duisburg WuM 2004, 717).

Ob tatsächlich ein Vollwartungsvertrag abgeschlossen ist, muss durch Prüfung der Originalrechnungsunterlagen festgestellt werden, wenn der Vermieter diesen Punkt nicht von sich aus klarstellt.

Umlage für Erdgeschossmieter

b) Zwar darf der Mieter im Erdgeschoss von der Umlage der Fahrstuhlkosten vertraglich ausgeschlossen werden, aber

ohne eine entsprechende Regelung im Mietvertrag muss auch er sich an den Fahrstuhlkosten beteiligen (BGH WuM 2006, 613).
Dabei spielt es keine Rolle, dass der Erdgeschossmieter den Aufzug nicht sinnvoll nutzen kann, weil er in dem Gebäude keine anderen Räumlichkeiten, wie Keller oder Speicher, mit dem Fahrstuhl anfahren kann.
Insbesondere in den östlichen Bundesländern gibt es Häuser, in denen der Fahrstuhl nicht in jedem Stockwerk hält, sondern nur in jedem zweiten oder dritten. Hält der Fahrstuhl beispielsweise nur in der dritten, sechsten und neunten Etage, müssen Mieter in den Zwischenstockwerken aufgrund der aktuellen BGH-Entscheidung jetzt auch anteilige Fahrstuhlkosten zahlen, zumindest soweit nichts anderes im Mietvertrag vereinbart ist.
Allerdings, Mitte 2009 hat der Bundesgerichtshof auch entschieden (WuM 2009, 351), dass an den Kosten nur die Mieter beteiligt werden dürfen, die ihre Wohnungen mit dem Aufzug tatsächlich erreichen können. Der Entscheidung lag der Fall zugrunde, dass ein in einem Seitenflügel des Gebäudes wohnender Mieter keine Aufzugskosten zahlen musste, weil er den Flügel über den Aufzug gar nicht erreichen konnte. „Ausgeschlossene" Mieter dürfen nicht an Kosten für Einrichtungen beteiligt werden, die einzelnen Mietern zur alleinigen Nutzung überlassen sind.

STRASSENREINIGUNG

Die für die öffentliche Straßenreinigung zu entrichtenden Gebühren und die Kosten entsprechender nicht öffentlicher Maßnahmen zählen zur Kostenposition Straßenreinigung.

Laut Betriebskostenspiegel des Deutschen Mieterbundes mussten 2011 insgesamt 0,04 Euro pro Quadratmeter und Monat hierfür gezahlt werden.

Diese Kostenposition umfasst in erster Linie die von der Kommune erhobenen Gebühren für die Straßenreinigung. Bei der Berechnung der Gebühren beziehen sich die Kommunen auf den sogenannten Frontmetermaßstab, den Flächenmaßstab oder die Reinigungsfläche aller Straßen, durch die das Grundstück erschlossen wird.

Fegen und Kehren der Bürgersteige

Ebenfalls unter „Straßenreinigungskosten" fallen Kosten für das Fegen und Kehren der Bürgersteige. Soweit die Kommunen die Pflichten durch Satzungen auf die Anlieger, also die Hauseigentümer, übertragen, gehört der Aufwand für das Sauberhalten der Wege ebenfalls zu den umlegbaren Straßenreinigungskosten.Dagegen können unter „Straßenreinigung" nicht auch Kosten der Pflege der Außenanlage, also Gartenpflegekosten, abgerechnet werden. Das ist ein formeller Fehler und macht die Abrechnung unwirksam (AG Lüdenscheid WuM 2011, 685).

Auch der Winterdienst, das heißt die Pflicht von Eigentümer und Vermieter, bei Schneefall zu räumen und bei Glatteis zu streuen, gehört zu den Reinigungsarbeiten, die über die Position „Straßenreinigung" abgerechnet werden können.

Übernimmt der Vermieter diese Arbeiten selbst, kann er angemessene Kosten für seine Eigenleistungen (vgl. S. 37) abrechnen.

Führt der Hausmeister den Winterdienst durch, dürften keine zusätzlichen Kosten entstehen. Personalkosten gehören in die Hauswartkosten selbst (vgl. S. 69 f.).

Hat der Vermieter mit einem Mieter vertraglich vereinbart, dass er die Arbeiten gegen Entgelt oder eine geringere Miete übernimmt, sind auch diese Kosten umlegbare Betriebskosten. Der zur Reinigung verpflichtete Mieter selbst muss ebenfalls an den Betriebskosten beteiligt werden.

Kosten für Drittfirma umlagefähig

Der Vermieter kann auch eine Drittfirma mit den Pflichten des Winterdienstes beauftragen. Die anfallenden Kosten sind umlagefähige Betriebskosten.

Typische Probleme und Fehler

a) Kosten für den Ankauf von Geräten oder Maschinen oder Reparaturkosten muss der Vermieter tragen, es sind keine umlagefähigen Betriebskosten.

b) Haben sich die Mieter im Haus vertraglich verpflichtet, abwechselnd bei Schnee und Eis zu fegen und zu streuen, haben sie auch das Recht dazu. Der Vermieter darf die Arbeiten nicht einem Unternehmen übertragen und den Mietern die Kosten als Betriebskosten aufgeben.

MÜLLBESEITIGUNG

Zu den Kosten der Müllbeseitigung gehören:

- die für die Müllabfuhr zu entrichtenden Gebühren,
- die Kosten entsprechender nicht öffentlicher Maßnahmen,
- die Kosten des Betriebs von Müllkompressoren, Müllschluckern, Müllabsauganlagen,
- die Kosten des Betriebs von Müllmengenerfassungsanlagen, einschließlich der Kosten der Berechnung und Aufteilung.

0,17 Euro pro Quadratmeter und Monat betrugen die Kosten der Müllbeseitigung im Jahr 2011.

Dabei handelt es sich in erster Linie um die Müllgebühren, die die Kommunen dem Vermieter durch Abgabenbescheid in Rechnung stellen.

Neben den klassischen Kosten der Müllabfuhr gehören dazu auch Kosten, die durch eine vom Vermieter selbst veranlasste Müllbeseitigung entstehen. Der Vermieter kann die Entsorgungskosten des Hauses vollständig umlegen, zum Beispiel auch Kosten für die Mülltrennung, wenn Behälter und Container für Glas, Papier, recyclebare Wertstoffe oder Biomüll zur Verfügung stehen.

Alle Kosten der Müllbeseitigung

Containerkosten für Gartenabfall gehören ebenfalls nicht zu den Müllbeseitigungskosten, unter Umständen aber zu den Gartenpflegekosten (vgl. S. 60 f.).

Vorsicht

Kosten für einen Müllcontainer dürfen nur umgelegt werden, wenn diese der laufenden Müllbeseitigung dienen. Wird im Zuge von Umbau-, Ausbau-, Sanierungs- oder Modernisierungsarbeiten ein Container für den Bauschutt aufgestellt, sind die anfallenden Kosten keine umlegbaren Kosten der Müllbeseitigung.

Wird ein Müllcontainer oder werden Müllbehälter gemietet bzw. geleast, sind das keine umlegbaren Kosten, es sei denn, die Mietkosten sind Teil der städtischen Müllgebühren.

Überzählige Müllcontainer oder -behälter muss der Vermieter abschaffen. Er muss deren Größe und Anzahl am Bedarf des Hauses und seiner Bewohner unter Berücksichtigung der Vorgaben der Kommune ausrichten (OLG Naumburg ZMR 2003, 260). Werden erforderliche Kapazitäten erheblich überschritten, liegt ein Verstoß gegen das Wirtschaftlichkeitsgebot (AG Köln WuM 2012, 57; vgl. auch S. 118) vor. Dann könnten Mieter die Kosten der Müllbeseitigung auf den Betrag kürzen, der bei wirtschaftlich vernünftigem Handeln des Vermieters und Verringerung der Containerzahl angefallen wäre.

Soweit Vermieter Drittunternehmen mit einem Müllmanagement beauftragen, sind auch diese Kosten umlegbar. Voraussetzung ist, dass sie nicht gegen das Wirtschaftlichkeitsgebot verstoßen, das heißt, dass „unter dem Strich" keine zusätzlichen Kosten entstehen, sondern gespart wird. Bei einem Müllmanagement geht es um Kostenreduzierung, zum Beispiel durch:

- regelmäßige Beratung der Mieter im Hinblick auf die korrekte Abfalltrennung,
- Verringerung des Restmülls durch Aussortierung von Wertstoffen, die umgeladen werden, und Verdichtung des Restmüllvolumens,
- regelmäßige Kontrolle der Wertstoffbehälter auf falsch sortierte Bestandteile.

Verbrauchs- bzw. verursacherabhängige Abrechnung

In der Regel werden die Kosten der Müllbeseitigung nach Wohnfläche oder Personenzahl aufgeteilt. Denkbar ist aber auch eine verbrauchs- bzw. verursacherabhängige Abrechnung der Müllkosten. Voraussetzung ist, dass über entsprechende Erfassungssysteme die jeweiligen Entleerungsvorgänge festgehalten oder die angefallenen Müllmengen gewogen werden. Bei Erfassungen über eine Müllschleuse wird jeder Einwurf eines Müllbeutels über eine Chipkarte registriert.

Die laufenden Kosten dieser Anlage, nicht die Investitionskosten, sind ebenso wie die dann anfallenden Kosten der verursacherabhängigen Müllabrechnung als Kosten bei der Müllbeseitigung zu berücksichtigen.

Typische Probleme und Fehler

a) Meistens werden Kosten der Müllbeseitigung nach der Wohnfläche auf die Mieter des Hauses verteilt. Das wird vielfach als ungerecht empfunden. Trotzdem können Mieter keine Änderung des Umlagemaßstabes auf Personenzahl verlangen, selbst dann nicht, wenn die Kommune den Gebührenbescheid für den Vermieter in Abhängigkeit von der Bewohnerzahl des Hauses erstellt.
b) Sperrmüll- und Entrümpelungskosten sind Kosten der Müllbeseitigung und damit Betriebskosten (BGH WuM 2010, 153). Die Kosten müssen nicht jährlich anfallen, aber zumindest laufend.

Wird Sperrmüll dagegen im Einzelfall auf Bestellung einzelner Mieter abgefahren, müssen nur diese Mieter die anfallenden Kosten bezahlen.
Entrümpelungskosten im Haus, zum Beispiel im Keller oder in Gemeinschaftsräumen oder nach Auflösung einer Wohnung, dürfen ebenfalls nicht anteilig auf alle Mieter des Hauses umgelegt werden. Hier muss sich der Vermieter grundsätzlich an die Verursacher halten.
Anders unter Umständen, wenn die Verursacher nicht feststellbar sind. So gehören auch Aufwendungen zur Beseitigung von Müll von Gemeinschaftsflächen zu den umlagefähigen Müllbeseitigungskosten, wenn sie durch rechtswidrige Handlungen Dritter ausgelöst wurden (BGH WuM 2010, 153).

GEBÄUDEREINIGUNG

Gebäudereinigungskosten umfassen Kosten, die für die Reinigung von gemeinschaftlich genutzten Räumen und Flächen im Haus anfallen: Zugänge, Flure, Treppen, Keller, Bodenräume, Waschküche oder Fahrkorb des Aufzugs. Nicht dazu gehören die Fassadenreinigung, die Dachrinnenreinigung oder Reinigungskosten für nicht begehbare Gebäudeteile wie Dächer, Vordächer oder Lichtschächte. 2011 zahlten Mieter durchschnittlich 0,15 Euro pro Quadratmeter und Monat für die Gebäudereinigung.

Lohnkosten für Reinigungskräfte

Werden Treppenhaus, Flure usw. durch eine beim Vermieter angestellte Reinigungskraft geputzt, sind die Lohnkosten der wesentliche Kostenfaktor bei der Gebäudereinigung. Hierzu zählen neben dem eigentlichen Lohn noch alle Lohnnebenkosten mit, inklusive Weihnachtsgeld, Berufsgenossenschaft usw. Ein Stundenlohn von 10 bis 13 Euro, je nach Region, dürfte heute üblich sein (AG Hamburg WuM 2007, 445: 10 Euro).

Neben den Lohnkosten können auch noch die Kosten für die laufend verbrauchten Reinigungsmittel in die Betriebskostenabrechnung eingestellt werden. Dagegen sind die Kosten für die Anschaffung von Reinigungsgeräten oder Maschinen ebenso wenig umlegbar wie Kosten für Besen, Schrubber, Putzlappen, Eimer oder Bohnermaschinen.

Übernimmt der Vermieter die Reinigungsarbeiten selbst, kann er seine Arbeitsleistung in Rechnung stellen (vgl. S. 37).

Reinigt der Hausmeister das Treppenhaus, fallen keine zusätzlichen Personalkosten an (vgl. auch für die Frage eines fiktiven Kostenansatzes S. 63 und S. 70).

Beauftragt der Vermieter eine Reinigungsfirma, muss der Grundsatz der Wirtschaftlichkeit beachtet werden. Die Kosten dürfen nicht spürbar höher als bei einer angestellten Putzkraft sein.

Auch die Häufigkeit und Intensität der Treppenhausreinigungen müssen sich im Rahmen halten. Das Landgericht Hamburg (NZM 2001, 806) hält es nicht für notwendig, dreimal in der Woche die Hausreinigung durchzuführen. Es reicht aus, einmal in der Woche Treppenhaus und Flur zu säubern (AG Regensburg WuM 2006, 110). Letztlich kommt es für die Einschätzung des Reinigungsbedarfs auf verschiedene Faktoren an, wobei Wohnanlage, -umfeld, Miethöhe, Verschmutzungsgrad usw. eine wichtige Rolle spielen.

Im Mietvertrag kann vereinbart werden, dass die Mieter die Gemeinschaftsflächen selbst reinigen. Dann entfallen Kosten für die Hausreinigung. Der Vermieter darf dann auch die Pflicht bzw. das Recht zur Treppenhausreinigung nicht von sich aus abschaffen und eine Reinigungskraft anstellen. Weil es sich dabei um eine Änderung des Mietvertrags handelt, bedarf dies der Zustimmung durch die Mieter.

Typische Probleme und Fehler

a) Über die Betriebskostenabrechnung sind nur die Kosten der normalen, regelmäßigen Treppenhausreinigung umlegbar. Kosten, die wegen besonderer Verschmutzung entstehen, zum Beispiel aufgrund von Baumaßnahmen, Treppenhausreinigung nach einem Ein- oder Auszug bzw. die Beseitigung von Graffiti, müssen nicht gezahlt werden.

b) Ähnliches gilt, wenn laut Mietvertrag die Mieter putzen müssen: Übermäßige Verschmutzungen (siehe unter a)) muss auch ein nach dem Plan reinigungspflichtiger Mieter nicht beseitigen.

c) Kommt ein einzelner Mieter seinen Reinigungspflichten überhaupt nicht oder nur mangelhaft nach, darf der Vermieter die Treppenhausreinigung nicht einfach komplett an eine Fachfirma vergeben. Der Vermieter kann vielmehr einen Dritten mit der Reinigung nur insoweit beauftragen, als ein einzelner Mieter seine vertraglichen Pflichten nicht erfüllt hat. Nach Abmahnung kann er die entstehenden Kosten von diesem Mieter dann als Schadenersatz einfordern.

UNGEZIEFERBEKÄMPFUNG

Regelmäßige Ungezieferbekämpfungen sind heute eher unüblich und auch kaum noch erforderlich. Umlagefähige Kosten sind deshalb meistens sehr gering, zum Beispiel Kosten für Schädlingsbekämpfungsmittel wie Insektenspray oder Kosten für eine prophylaktische Schädlingsbekämpfung.

Keine laufend entstehenden Kosten

Wird eine aktuell aufgetretene Ungezieferplage in einer einmaligen Aktion beseitigt, fallen dabei keine laufend entstehenden Kosten an – somit sind dies auch keine Betriebskosten. Nicht als Betriebskosten dürfen deshalb angesetzt werden:

- Kosten der Beseitigung eines Wespen- oder Bienennestes (AG München WuM 2011, 629),
- Kosten für die Bekämpfung eines Ameisen- oder Schabenbefalls,
- Gegenmaßnahmen bei einer aufgetretenen Ratten- oder Mäuseplage,
- Maßnahmen gegen Belästigungen durch Tauben.

Hat ein Mieter das Ungeziefer oder die Schädlinge „eingeschleppt", kann der Vermieter ihm gegenüber die Kosten der Schädlingsbekämpfung als Schadenersatz geltend machen. Der Vermieter muss dann beweisen, dass der Mieter für den Ungezieferbefall verantwortlich war und diesen schuldhaft verursacht hat.

GARTENPFLEGE

Kosten der Gartenpflege betrugen 2011 laut Betriebskostenspiegel des Deutschen Mieterbundes 0,09 Euro pro Quadratmeter und Monat. Hierzu gehören die Kosten der Pflege gärtnerisch angelegter Flächen einschließlich der Erneuerung von Pflanzen und Gehölzen, der Pflege von Spielplätzen einschließlich der Erneuerung von Sand, und der Pflege von Plätzen, Zugängen und Zufahrten, die nicht dem öffentlichen Verkehr dienen.

Nutzung für alle Mieter

Bei den Kosten für die Gartenpflege geht es in erster Linie um die Pflege der Außenanlagen und Grünflächen. Voraussetzung für eine Umlage der Kosten ist, dass allen Mietern die Möglichkeit offen steht, die Außenanlagen und Grünflächen zu nutzen. Der Bundesgerichtshof (WuM 2004, 399) geht noch einen Schritt weiter. Mieter müssen auch dann Gartenpflegekosten zahlen, wenn sie den Garten selbst nicht betreten dürfen. Eine gepflegte Grünfläche verschönert das Wohnanwesen insgesamt und ist grundsätzlich geeignet, die Wohn-

und Lebensqualität zu verbessern. Deshalb, so der Bundesgerichtshof, müssen Mieter zahlen.

Anschaffungskosten für Gartenpflegegeräte, etwa für Rasenmäher oder Gartenschere, sind – wie bei anderen Betriebskostenarten – nicht umlagefähig. Auch die Erneuerung von Gehwegplatten oder Pflegekosten für eine Dachbegrünung fallen nicht unter Gartenpflegekosten.

Typische umlagefähige Gartenpflegekosten können sein:

- Pflege und Zurückschneiden von Sträuchern, Stauden, Hecken und anderen Pflanzen,
- Schneiden und Ausasten von Bäumen,
- Entfernen von Pflanzen und Gehölzen, soweit gärtnerisch sinnvoll,
- Einsäen von Blumen,
- Bodenauflockerung, Umgraben der Beete,
- Düngen der Vegetation,
- Mulchen,
- Beseitigung von Unkraut, Moosen und Pilzen,
- Entfernen des Laubs und anderer Pflanzenteile,
- Reinigungsarbeiten, etwa das Säubern der Rasenfläche,
- Beseitigung der Gartenabfälle und des Pflanzenschnitts,
- Schädlingsbekämpfung und Schutzmaßnahmen,
- Rasenpflege, zum Beispiel Vertikutieren und Nachsäen, unter Umständen auch Neueinsäen,
- Spreng- und Gießwasser,
- laufende Kosten für Rasenmäher und andere Geräte, zum Beispiel Benzin oder Schmierstoffe,
- Erneuerung von Pflanzen bzw. Ersatzbepflanzungen, soweit die bisherigen Pflanzungen durch Alterung oder Witterungseinflüsse eingegangen sind.

Keine umlegbaren Kosten fallen an, wenn Sträucher oder Pflanzen das erste Mal angeschafft und gepflanzt werden.

Um- und Neugestaltung keine Betriebskosten

Auch Kosten für eine erstmalige Anlage oder eine komplette Um- und Neugestaltung des Gartens sind keine Betriebskosten.

Schwieriger zu beurteilen ist die Frage, ob und inwieweit das Fällen von Bäumen zu den umlagefähigen Gartenpflegekosten gehört. Wenn Betriebskosten ihrer Definition nach laufend, also regelmäßig wiederkehrend entstehen, dann kann das Fällen kranker oder morscher Bäume bzw. von Bäumen, die zu groß gewachsen sind und zu Verdunklungen in den Mieterwohnungen führen, nicht unter die umlagefähigen Betriebskosten fallen (AG Potsdam WuM 2012, 203). Dennoch rechnen verschiedene Gerichte diese Kosten hierzu. Auch wenn Bäume infolge von Sturmschäden gefällt werden müssen, stellt sich wieder die Frage, ob dies laufend entstehende Kosten sind. Das Landgericht Hamburg (WuM 1989, 640) meint, in Hamburg seien schwere Stürme kein seltenes Naturereignis, das Entfernen beschädigter Bäume sei damit als laufende Kostenposition anzusehen. Anders in Regionen, in denen Stürme seltener auftreten. Das Landgericht Mönchengladbach (ZMR 2003, 198) verneint die Umlagefähigkeit, da die Kosten nicht in periodisch wiederkehrenden Abständen auftreten.

Die Baumfäll-Fragen sind problematisch, am besten, man erkundigt sich beim Mieterverein nach der Rechtsprechung vor Ort.

Eindeutig scheint hier nur zu sein, dass das Fällen sämtlicher Bäume im Zuge einer Neugestaltung des Gartens, auf behördliche Anordnung hin oder weil eine unsachgemäße Pflege vorausging, keine Betriebskosten sind.

Pflege von Spielplätzen

Weiterhin gehört die Pflege von Spielplätzen zu den Gartenpflegekosten. Hierunter fallen zum Beispiel:

- die regelmäßige Kontrolle der Spielgeräte auf Defekte und Verkehrssicherheit,
- das Schmieren und Ölen der Spielgeräte,
- Reinigungsarbeiten, insbesondere des Spielsandes,
- Harken des Sandes,
- Erneuerung des Spielsandes, alle zwei bis drei Jahre.

Wie etwa die Gebäudereinigung kann auch die Gartenpflege durch einen vom Vermieter beauftragten Hausmeister erledigt werden, sodass dafür keine zusätzlichen Kosten entstehen.

Im Mietvertrag kann auch vereinbart werden, dass den Mietern des Hauses – mit deren Zustimmung – die Gartenpflege übertragen wird. Auch dann entstehen keine Gartenpflegekosten.

Führt der Vermieter die Arbeiten selbst durch, kann er einen angemessenen Betrag für seine Arbeitsleistung in die Abrechnung einstellen. Außerdem kann der Vermieter ein Unternehmen oder einen Gärtner beauftragen. Die in Rechnung gestellten Kosten können, soweit nicht überteuert, als Betriebskosten umgelegt werden.

Der Vermieter kann anstelle der Kosten eines angestellten Gärtners auch die fiktiven Kosten eines beauftragten Unternehmers ansetzen, vgl. auch S. 70 (BGH WuM 2013, 44).

Typische Probleme und Fehler

a) Hat der Vermieter den Mietern die Gartenpflege per Mietvertrag übertragen, kann er keine Extrakosten für Pflegearbeiten oder das Baumfällen als Betriebskosten umlegen (BGH WuM 2009, 41).
b) Hat sich der Vermieter die alleinige Nutzung des Gartens vorbehalten oder hat der Erdgeschossmieter den Garten mitgemietet, muss der Vermieter selbst bzw. der Erdgeschossmieter den Garten pflegen und die Kosten tragen. Für die anderen Mieter des Hauses fallen keine Gartenpflegekosten an.

BELEUCHTUNG

Zu den Kosten der Beleuchtung gehören die Kosten des Stroms für die Außenbeleuchtung und für die Beleuchtung der gemeinsam genutzten Gebäudeteile wie Zugänge, Flure, Treppen, Keller, Bodenräume oder Waschküchen.

Die Stromkosten für Treppenhaus und Gemeinschaftsräume betrugen im Jahr 2011 durchschnittlich 0,05 Euro pro Quadratmeter und Monat.

Stromkosten für gemeinschaftlich genutzte Räume

Umgelegt werden dürfen nur die Stromkosten, die in von allen Mietern gemeinsam genutzten Gebäudeteilen anfallen. Das Austauschen der Leuchtmittel gehört nicht zu den umlagefähigen Beleuchtungskosten.

Typische Probleme und Fehler

a) Umlagefähig sind nur die Stromkosten für die Beleuchtung. Das bedeutet, Stromkosten für die Klingelanlage, die Heizung oder den Aufzug gehören normalerweise nicht in die Position „Beleuchtungskosten".
b) Die Kosten für die Beleuchtung von Garagen, Tiefgaragen und Stellplätzen sind Betriebskosten. Die Kosten dürfen aber nur auf die Mieter eines Garagen- oder Stellplatzes umgelegt werden (BGH WuM 2012, 98).

SCHORNSTEINREINIGUNG

Nach Ablauf einer langen Übergangsfrist ist das Schornsteinfegerrecht seit 1. Januar 2013 neu geregelt und das Schornsteinfegermonopol aufgehoben worden. Wichtigste Änderung: Der Bezirksschornsteinfeger kommt nicht mehr automatisch ins Haus. Haus- oder Wohnungseigentümer müssen sich selbst darum kümmern, dass die Heizungsanlage überprüft und regelmäßig gekehrt wird. Außerdem kann mit den „normalen“ Schornsteinfegerarbeiten praktisch jeder Schornsteinfegerbetrieb beauftragt werden. Nur für die sogenannten hoheitlichen Schornsteinfegertätigkeiten (Feuerstättenschau, Überprüfung der Betriebsbereitschaft und Betriebssicherheit) bleibt der Bezirksschornsteinfeger zuständig.

0,03 Euro pro Quadratmeter und Monat mussten Mieter 2011 für die Schornsteinreinigung zahlen. Hierzu gehören die Kehrgebühren nach der maßgebenden Gebührenordnung – wenn sie nicht schon als Heizungskosten berücksichtigt sind.

Die Kosten der von einem Schornsteinfeger durchgeführten Immissionsschutzmessungen sind keine Kosten der Schornsteinreinigung, sondern vielmehr Kosten der Heizungsanlage, sogenannte Heizungsnebenkosten. Sie werden über die verbrauchsabhängige Heizkostenabrechnung abgerechnet.

Vorsicht

Vermeintlich hat der Vermieter ein Wahlrecht, ob und wo er Schornsteinfegerkosten abrechnet: entweder in der Heizkostenabrechnung oder in der Abrechnung für „kalte“ Betriebskosten. Wichtig ist es darauf zu achten, dass die Kosten nicht doppelt abgerechnet werden.

Auch die Kosten bzw. Gebühren für einen sogenannten Feuerstättenbescheid sind keine Kosten der Schornsteinreinigung, sondern Teil der Heizkosten. Es handelt sich hierbei um Kosten für die Prüfung der Betriebssicherheit. Bei der Feuerstättenschau wird überprüft, ob die Heizungsanlage betriebs- und brandsicher ist. Sie muss seit dem 1. Januar 2013 alle sieben Jahre zweimal durchgeführt werden. Zwischen den beiden Begutachtungen müssen mindestens drei Jahre liegen.

Kosten der Schornsteinreinigung können nur die Kehrgebühren des Schornsteinfegers sein. Diese Gebühren können ebenfalls bei den Kosten der Heizungsanlage eingestellt werden. Bei Kehrgebühren für eine Zentralheizung ist das auch angezeigt. Kehrgebühren für Etagenheizungen bzw. Einzelöfen fallen unter „Schornsteinreinigung“.

SACH- UND HAFTPFLICHTVERSICHERUNG

Zu den Kosten der Sach- und Haftpflichtversicherung gehören: die Kosten

- für die Versicherung des Gebäudes gegen Feuer-, Sturm-, Wasser- sowie sonstige Elementarschäden,
- für die Glasversicherung,
- der Haftpflichtversicherung für das Gebäude, den Öltank und den Aufzug.

Diese Kosten können in der Betriebskostenabrechnung in einer Summe ausgewiesen werden (BGH WuM 2009, 669).

0,14 Euro pro Quadratmeter und Monat wurden 2011 durchschnittlich an Betriebskosten für Versicherungen gezahlt.

Wohngebäudeversicherungen

Wohngebäudeversicherungen decken mögliche Schäden am Gebäude selbst ab. Meistens wird von Eigentümern eine kombinierte Feuer-, Leitungswasser- und Sturmversicherung abgeschlossen.

Elementarschäden sind in der Regel nicht über die Gebäudeversicherung abgedeckt. Sie müssen zusätzlich vereinbart werden. Hier geht es um die Folgen von Naturereignissen, wie zum Beispiel:

- Überschwemmung, Hochwasser,
- Erdbeben,
- Erdsenkung, Erdrutsch,
- Lawinen und Schneedruck sowie
- Vulkanausbruch.

Haftpflichtversicherungen

Bei der zweiten großen Gruppe von Versicherungen, die als Betriebskosten umgelegt werden darf, handelt es sich um Haftpflichtversicherungen. Sie schützen den Vermieter vor Schadenersatzansprüchen Dritter.

Die Gebäudehaftpflicht leistet beispielsweise bei Ansprüchen geschädigter Passanten aufgrund eines Glatteis-Unfalls.

Daneben werden – soweit die Risiken vor Ort bestehen – regelmäßig Haftpflichtversicherungen für den Öltank und den Aufzug abgeschlossen.

In der Betriebskostenverordnung gibt es keine abschließende Aufzählung der umlagefähigen Versicherungen. So können beispielsweise auch die Versicherungsbeiträge für eine Schwamm- und Hausbockversicherung, für die Starkstromleitung des Aufzugs oder gegen Rückstauschäden durch Abwasser als Betriebskosten abgerechnet werden.

Nicht umlegen kann der Vermieter Versicherungskosten, mit denen er seine persönlichen Risiken abdecken will, zum Beispiel eine Hausrat- und private Haftpflichtversicherung, Rechtsschutzversicherung oder Mietausfallversicherung. Auch die Kosten einer Reparaturversicherung oder „Maschinenversicherung" für die Heizanlage können keine Betriebskosten sein, zumal Kosten für Instandsetzungen und Reparaturen selbst auch keine Betriebskosten sind.

Mieter profitieren vom Versicherungsschutz

Mieter müssen die Versicherungskosten für das Haus nicht nur bezahlen, sie profitieren auch indirekt davon. Verursachen Mieter einen Feuer- oder Leitungswasserschaden oder einen Unfall bei Glatteis, weil sie ihrer Streupflicht nicht nachgekommen sind, und tritt dafür dann die Gebäude- beziehungsweise Haftpflichtversicherung des Vermieters ein, können Mieter nur bei Vorsatz und grober Fahrlässigkeit in Regress genommen werden.

Typische Probleme und Fehler

a) Verursachen gewerbliche Mieter in der Wohnanlage deutlich höhere Kosten als die Wohnungsmieter, muss der Vermieter die Kosten in der Abrechnung aufteilen. Denkbar ist hier vor allem, dass Firmen mit großen Schaufenstern im Erdgeschoss die Prämie für eine Glasversicherung in die Höhe treiben.

b) Steigen die Prämien für die Leitungswasserversicherung, weil im Haus mehrere Rohrbrüche aufgetreten sind, darf die Erhöhung nicht über die Betriebskosten an die Mieter des Hauses weitergegeben werden.

Wirtschaftlich vernünftiger Versicherungsschutz

c) Der Grundsatz der Wirtschaftlichkeit ist einzuhalten. Bei Versicherungskosten bedeutet dies, dass kritisch hinterfragt werden muss, welche Versicherungen abgeschlossen werden und zu welchen Preisen. Elementarschadenversicherungen in einem erdbebensicheren Gebiet ohne Hochwassergefahren sind überflüssig. Auch eine Glasbruchversicherung ist bei einem Haus mit normalen, einfach verglasten Fenstern eher unnötig. Das Gleiche gilt für eine Terrorschadenversicherung bei einem Vierfamilienhaus in ländlicher Umgebung (vgl. BGH GuT 2010, 358).
Bei der Auswahl der Versicherung muss sich der Vermieter ebenfalls wirtschaftlich vernünftig verhalten, so, als wenn er selbst die Kosten tragen müsste. Steigen nach einem Versicherungswechsel die Prämien, müssen Mieter allenfalls dann zahlen, wenn der Vermieter eine plausible Begründung für den Anbieterwechsel liefern kann. Kommt es bei einem Wechsel möglicherweise zu einer Doppelversicherung, muss der Mieter diese zusätzlichen Kosten nicht zahlen.

Schließt der Vermieter einen neuen Gebäudeversicherungsvertrag ab, liegt ein Verstoß gegen das Wirtschaftlichkeitsgebot vor, wenn die neue Prämie rund 1.858 Euro beträgt, ein vergleichbarer Versicherungsschutz aber nur 1.152 Euro gekostet hätte (AG Aachen WuM 2011, 515). Es gehört zu den Nebenpflichten eines Vermieters, Mieter nur mit Nebenkosten zu belasten, die erforderlich und angemessen sind. Deshalb muss er möglichst günstige Versicherungsverträge abschließen und Vergleichsangebote einholen (KG WuM 2011, 367).

HAUSWART

Zu den Kosten für den Hauswart gehören die Vergütung, die Sozialbeiträge und alle geldwerten Leistungen, die der Eigentümer diesem für dessen Arbeit gewährt.

Für Hausmeisterkosten mussten 2011 durchschnittlich 0,21 Euro pro Quadratmeter und Monat gezahlt werden.

Die Betriebskostenverordnung legt ausdrücklich fest, dass längst nicht alle Arbeiten, die ein Hausmeister erledigt, auch tatsächlich über die Betriebskosten abgerechnet werden dürfen.

Lohn und Gehalt nur bedingt umlagefähig

So sind Lohn und Gehalt für den Hausmeister nicht umlagefähig, soweit dessen Arbeiten folgende Bereiche betreffen:

- Instandhaltungen,
- Instandsetzungen,
- Erneuerungen,
- Schönheitsreparaturen sowie
- Hausverwaltung.

Das ist konsequent. Die Betriebskostenverordnung bestimmt in Paragraph 1, dass Verwaltungs-, Instandhaltungs- und Instandsetzungskosten keine Betriebskosten sind. Mieter müssen hierfür nicht zahlen. An diesem Ergebnis darf sich auch dann nichts ändern, wenn ein Hauswart oder -meister derartige Arbeiten durchführt.

Weil ein Hauswart in der Praxis nahezu immer „Mädchen für alles“ ist, müssen die von ihm tatsächlich wahrgenommenen Verwaltungsaufgaben oder Instandhaltungs- bzw. Instandsetzungsarbeiten von den abzurechnenden Hauswartkosten abgezogen werden. Typische Verwaltungsarbeiten sind:

- Wohnungsabnahmen,
- Mängelfeststellungen nach Auszug der Mieter,

- Einweisung der Mieter beim Einzug,
- Anschaffung und Anbringung von Namensschildern,
- Aufstellen von Reinigungsplänen für Gebäudereinigung oder Benutzung der Waschküche,
- Entgegennahme und Weiterleitung von Reklamationen und Mängelanzeigen,
- Ansprechpartner der Mieter in Notfällen,
- Abhalten von Mietersprechstunden,
- Verteilung von Rundschreiben oder Vermieterinformationen an die Mieter,
- Kontrolle von Fremdfirmen und Handwerkern.

Typische Verwaltungsarbeiten sind abzuziehen

Typische Instandhaltungs- oder Instandsetzungsarbeiten sind:

- Reparaturarbeiten,
- Notreparaturen,
- kleinere Reparaturen in den Wohnungen,
- Auswechseln von Glühlampen und Leuchten.

Dagegen gehören alle körperlichen Arbeiten wie Gebäudereinigung, Straßenreinigung oder Gartenpflege zu den typischen Hauswartaufgaben. Führt der Hausmeister derartige Arbeiten durch, dürfen bei diesen Kostenarten keine Personal- und Lohnkosten entstehen. Mit der Abrechnung von Hausmeisterkosten sind die Arbeiten bezahlt. Hier können allenfalls noch Materialkosten in die Betriebskostenabrechnung eingestellt werden.

Hausmeisterarbeiten durch Vermieter

Der Vermieter kann Hausmeisterarbeiten auch selber durchführen und für seine Arbeitsleistungen einen angemessenen Lohn abrechnen. Er kann dabei einen fiktiven Aufwendungsersatz für eine gleichwertige Leistung eines Dritten ansetzen. Das gilt aber nicht, so das LG Berlin (GE 2012, 205), wenn ein Ehepartner die Leistungen unentgeltlich erbringt.

Kosten für Arbeitsmittel nicht umlagefähig

Beschäftigt der Vermieter einen eigenen Angestellten als Hausmeister, dann sind die anfallenden Personalkosten umlagefähig. Hierzu gehören Lohn- und Lohnnebenkosten, Sozialversicherungsbeiträge einschließlich der Arbeitgeberanteile, Beiträge zur betrieblichen Altersversorgung und Beiträge zur Berufsgenossenschaft. Dagegen sind Kosten für Arbeitsmittel und Geräte, wie Leitern, Eimer, Besen, Werkzeuge usw., nicht umlagefähig. Auch Kosten für Arbeitskleidung oder Telefonkosten sind keine umlagefähigen Hausmeisterkosten.

Beauftragt der Vermieter einen Hausmeisterservice mit der Durchführung der Arbeiten, dann kann er die Zahlungen an diese Firma als Hauswartkosten auf die Mieter umlegen. Er darf, so der Bundesgerichtshof (BGH WuM 2013, 44) auch anstelle der Kosten des angestellten Personals fiktive Kosten abrechnen, die ihm entstanden wären, wenn er ein Fremdunternehmen mit den Hausmeisterarbeiten beauftragt hätte. Aus Sicht des Deutschen Mieterbundes ist das problematisch, zumindest stellt sich hier immer die Frage der Wirtschaftlichkeit.

Unabhängig davon, wer letztlich die Hauswartaufgaben durchführt: Der Vermieter muss den nicht umlagefähigen Anteil der Vergütung für Verwaltungstätigkeiten und Instandhaltungsarbeiten abziehen.

Dabei muss sich der Mieter mit einem pauschalen Abzug von zum Beispiel 10 oder 20 Prozent nicht zufriedengeben. Bezweifelt er die Kostenaufteilung des Vermieters, ist dieser in der Pflicht, seine Berechnung zu erläutern und aufzuschlüsseln, welche Kostenanteile umgelegt wurden und welche nicht. Dabei ist der Zeitaufwand des Hausmeisters für die einzelnen Arbeiten maßgeblich (BGH WuM 2008, 285).

In der Betriebskostenabrechnung selbst muss der Vermieter zunächst die Gesamtkosten für den Hausmeister ohne irgendwelche Abzüge darlegen, damit der Mieter die Rechnung genau überprüfen kann (BGH WuM 2007, 575). Nach Ansicht des LG Dresden (WuM 2013, 671) soll es ausreichen, wenn der beauftragte Dienstleister „umlagefähige Hausmeistertätigkeiten" (laut Leistungsverzeichnis) und nichtumlagefähige Instandsetzungs- und Verwaltungsausgaben dem Vermieter getrennt in Rechnung stellt und der dann die umlagefähigen Kosten in die Betriebskostenabrechnung einstellt.

Typische Fehler und Probleme

a) Insbesondere größere Vermieter gehen in letzter Zeit dazu über, einen Pförtner, Doorman oder Concierge einzusetzen und die Kosten hierfür als Hauswartkosten abzurechnen. Das ist nach einer Entscheidung des Bundesgerichtshofs (WuM 2005, 336) unzulässig. Derartige Kosten können allenfalls als sonstige Betriebskosten (vgl. S. 78 f.) vereinbart werden.
Auch Kosten für einen Wach- oder Sicherheitsdienst sind keine Hausmeisterkosten.

Angemessene Aufwendungen

b) Bei der Beschäftigung eines Hausmeisters muss der Vermieter grundsätzlich das Gebot der Wirtschaftlichkeit beachten. Das bedeutet, dass Beschäftigungszeit und Gehaltshöhe in einem angemessenen Verhältnis zur Größe des Hauses bzw. der Wohnanlage stehen müssen. Erst recht gilt das, wenn der Vermieter eine Hausmeisterfirma einschaltet. Führt dies zu spürbaren Mehrkosten im Vergleich zu einem in den letzten Jahren angestellten Hausmeister, muss der Vermieter dies genau begründen.
Auch wenn die Mieter laut Mietvertrag selbst verpflichtet sind, das Treppenhaus zu reinigen, den Winterdienst durchzuführen und den Garten zu pflegen, muss der Vermieter genau begründen, warum es notwendig ist, einen Hausmeister oder eine Servicefirma zu beauftragen. Hier stellt sich dann die Frage, welche Arbeiten der Hausmeister eigentlich tatsächlich noch erledigen soll.

c) Wohnt der Hausmeister mit im Haus oder ist ein Mieter stundenweise mit Hausmeisterarbeiten beauftragt, dann muss diese Person in die Umlage der Betriebskostenposition „Hauswart" mit einbezogen werden. Wird dem Hausmeister die Wohnung unentgeltlich überlassen, ist ein fiktiver Lohn zu bestimmen, der maximal in Höhe der ortsüblichen Vergleichsmiete liegt.

Tätigkeitsnachweise

d) Relativ häufig beschweren sich Mieter, dass der Hausmeister „nichts tut" und seine Aufgaben nicht ordnungsgemäß wahrnimmt. In solchen Fällen muss der Vermieter beweisen, dass der Hauswart seine Verpflichtungen erfüllt. Hierzu muss er unter Umständen den Umfang der Tätigkeiten und die entsprechenden Stundensätze konkret nachweisen.

e) Welche Arbeiten muss der Hausmeister eigentlich laut Arbeitsvertrag durchführen, und welches Gehalt bekommt er dafür? Bezweifelt der Mieter die Angaben des Vermieters, hat er das Recht, Einsicht in den Hauswartvertrag zu nehmen. Der Vermieter muss dem nachfragenden Mieter Einsicht in das Vertragsverhältnis geben. Das gilt auch, wenn es um einen Vertrag mit einer Drittfirma geht.

GEMEINSCHAFTSANTENNE ODER KABELFERNSEHEN

Die Kosten für den Betrieb der Gemeinschaftsantennenanlage umfassen:

- die Kosten des Betriebsstroms,
- die Kosten der regelmäßigen Prüfung ihrer Betriebsbereitschaft einschließlich der Einstellung durch eine Fachkraft,
- das Nutzungsentgelt für eine nicht zu den Gebäuden gehörende Antennenanlage,
- die Gebühren, die nach dem Urheberrechtsgesetz für die Kabelweitersendung entstehen.

Bei einer Kabelfernsehanlage kommen noch die laufenden monatlichen Grundgebühren für Breitbandanschlüsse hinzu.

Im Zuge einer Gesetzesänderung Ende 2011 wurden in der Betriebskostenverordnung die Worte „Breitbandkabelnetz" und „Breitbandkabelnetzanschlüsse" durch „Breitbandnetz" und „Breitbandanschlüsse" ersetzt. Damit soll klargestellt werden, dass die laufenden Entgelte für die Grundversorgung mit Fernsehen und Hörfunk über alle leitungsgebundenen Breitbandinfrastrukturen erfasst werden, auch die von Telefon- und Internetanbietern. Inhaltlich hat sich aber letztlich nichts geändert.

Im Jahr 2011 zahlten Mieterinnen und Mieter in Deutschland durchschnittlich 0,12 Euro pro Quadratmeter und Monat für die Betriebskostenposition „Gemeinschaftsantenne" bzw. „Breitbandkabel".

Unter „Gemeinschaftsantenne" dürfen die Kosten für die laufende Inspektion und Justierung der Anlage abgerechnet werden. Regelmäßige Wartungen an den Antennenanlagen – die hiermit gemeint sind – werden aber eher selten vorgenommen. Außerdem muss sich der Vermieter fragen lassen, ob ein Wartungsvertrag für eine Antennenanlage tatsächlich wirtschaftlich ist. Letztlich erfolgt eine Überprüfung bzw. Inspektion in der Praxis vor allem bei einem Störfall. Dann handelt es sich aber nicht um Wartungs-, sondern um Instandsetzungsarbeiten, die wiederum nicht umlegbar sind.

Wird im Rahmen von Wartungsverträgen – neben der Behebung von Störungen – auch regelmäßig die Betriebssicherheit geprüft, muss der Vermieter bei der Abrechnung die Kosten für Wartung und Reparatur ähnlich wie bei einem Vollwartungsvertrag für den Aufzug aufteilen.

Stromkosten für Gemeinschaftsantenne

Die Stromkosten für die Gemeinschaftsantenne müsste der Vermieter eigentlich exakt erfassen. Weil ein eigener Stromzähler in Relation zu den tatsächlichen Stromkosten aber viel zu teuer wäre, kann der Stromverbrauch für die Gemeinschaftsantenne auch errechnet bzw. geschätzt werden. Die Stromkosten dürfen eigentlich nicht unter Beleuchtung/Allgemeinstrom (vgl. Ziffer 10) abgerechnet werden. Wenn aber alle Mieter im Haus sowohl Kosten für die Beleuchtung als auch für die Gemeinschaftsantenne zahlen müssen und der Verteilerschlüssel bei beiden Positionen identisch ist, spielt es im Ergebnis keine Rolle, wo der Vermieter die Kosten ansetzt.

Außerdem fallen unter die Betriebskostenposition „Gemeinschaftsantenne" auch:

- Kosten für das eventuelle Leasen oder Mieten einer „nicht zum Gebäude gehörenden" Antennenanlage, das heißt für eine Anlage, die dem Vermieter nicht gehört, und
- eventuelle Gebühren, die nach dem Urheberrechtsgesetz für die Kabelweitersendung entstehen. Diese Gebühren können zum Beispiel bei größeren Gebäudekomplexen anfallen.

Vorsicht
Nicht umlagefähig sind Kosten für Reparaturen und Erneuerungen an der Antennenanlage.

Miete für Kabelfernsehanlagen

Wie bei Gemeinschaftsantennen gehören beim Kabelfernsehen die Kosten für Betriebsstrom und für die Prüfung der Betriebsbereitschaft zu den Betriebskosten, daneben gegebenenfalls die Miete für die Anlage und die monatliche Grundgebühr.

Baut der Vermieter die Gemeinschaftsantenne ab und führt einen Kabelanschluss ein, kann er die Kosten für den Breitbandanschluss als Betriebskosten abrechnen – vorausgesetzt, im Mietvertrag war vereinbart, dass Mieter die Kosten für eine Gemeinschaftsantenne als Betriebskosten zahlen müssen (BGH WuM 2007, 571). Auch Mieter, die kein Fernsehgerät besitzen und Kabelfernsehen nicht möchten, müssen sich an den Kosten beteiligen.

Verteilerschlüssel: Wohneinheiten oder -flächen

Die Kosten für das Kabelfernsehen werden häufig nach Wohneinheiten umgelegt. Das ist zulässig. Gibt es keine konkrete Vereinbarung zum Verteilerschlüssel, werden die Kosten aber auch hier nach der Wohnfläche verteilt.

Typische Fehler und Probleme

a) Mieter, die keinen Antennenanschluss haben, stattdessen zum Beispiel Kabel, müssen keine Betriebskosten für die Gemeinschaftsantenne zahlen. Dagegen spielt es keine Rolle, ob der Mieter ein Fernsehgerät hat oder nicht. Ist die Betriebskostenumlage vertraglich vereinbart, muss der Mieter zahlen.
b) Kosten für die erstmalige Installation des Kabelanschlusses sind nicht umlagefähig. Auch Kosten einer einmalig zu zahlenden Anschlussgebühr sind keine Betriebskosten.

KOSTEN DER WÄSCHEPFLEGE

Betriebskosten für Einrichtungen der Wäschepflege – also Waschmaschinen, Trockner, Wäscheschleudern, Bügelmaschinen, Wäschemangeln usw. – umfassen die Kosten:

- des Betriebsstroms,
- für die Überwachung, Pflege und Reinigung der Einrichtungen,
- für die regelmäßige Prüfung ihrer Betriebsbereitschaft und -sicherheit,
- der Wasserversorgung (vgl. S. 44), soweit sie nicht dort bereits berücksichtigt sind.

Hat der Vermieter etwa Waschmaschinen zur Verfügung gestellt, gelten sie als mitvermietet. Das bedeutet, der Vermieter kann sie weder „stilllegen" noch abschaffen. Reparaturen, Ersatz defekter Teile oder die Neuanschaffung muss der Vermieter selbst zahlen, es handelt sich dabei nicht um umlagefähige Betriebskosten.

Umlagefähig sind die Kosten für den Betriebsstrom. Diese dürfen aber nicht zusammen mit den Beleuchtungskosten (vgl. Ziffer 10) abgerechnet, sondern müssen separat ermittelt oder auch geschätzt werden.

Übernimmt der Hauswart oder Hausmeister die Überwachung, Pflege oder Reinigung der Waschmaschinen, Trockner usw., entstehen keine zusätzlichen Personalkosten. Die Kosten werden bei der Position „Hauswart" abgerechnet.

Reparaturkosten nicht umlagefähig

Wartungskosten dürfen bei der Wäschepflege in der Regel nicht anfallen. Reparaturleistungen und das Beheben von Störungen fallen unter Instandsetzungen und sind nicht umlagefähig. Hat der Vermieter einen Wartungsvertrag abgeschlossen, ist dies unter dem Gesichtspunkt der Wirtschaftlichkeit kritisch zu hinterfragen. Daneben müsste der Vermieter – wie bei Vollwartungsverträgen für den Aufzug – die Kosten für Wartung und Instandsetzung auf jeden Fall trennen.

Die Wasserkosten für die Wäschepflege müssen mit Hilfe eines Zwischenzählers oder durch Schätzung erfasst werden.

Die Regelungen für den preisgebundenen Wohnraum (Sozialwohnung) legen fest, dass die Kosten für die Wäschepflege nur auf die Mieter verteilt werden dürfen, die diese Einrichtungen auch nutzen.

Für frei finanzierte Wohnungen gilt diese Vorgabe nicht. Nach der Rechtsprechung des Bundesgerichtshofs (WuM 2006, 613) ist sie auch nicht entsprechend anzuwenden. Als Konsequenz daraus können Vermieter somit alle Mieter im Haus an den Kosten für die Wascheinrichtungen beteiligen, gleichgültig, ob sie Waschmaschine und Trockner tatsächlich nutzen oder nicht.

Kostendeckende Entgelte

Um hier keine unnötigen Probleme zu schaffen, gehen viele Vermieter dazu über, Gemeinschaftswaschmaschinen oder ähnliche Einrichtungen als Münzautomaten zu betreiben – sofern sie solche überhaupt noch anbieten. Wichtig ist hier, dass das für die Nutzung zu zahlende Entgelt nur dafür eingesetzt werden darf, um die laufenden Kosten zu decken. Der Vermieter darf mit diesen Einnahmen also kein Geschäft machen und auch die Kosten für eventuell notwendige Neuanschaffungen nicht einkalkulieren.

Auch wenn der Vermieter Waschmaschinen, Trockner usw. als Münzautomaten betreibt, muss er abrechnen. Sind die Einnahmen geringer als die Betriebskosten, kann er eine Nachzahlung fordern, im umgekehrten Fall muss er Überzahlungen erstatten.

SONSTIGE BETRIEBSKOSTEN

Zu den sonstigen Betriebskosten gehören Betriebskosten im Sinne des Paragraphen 1 der Betriebskostenverordnung, die von den bisher aufgeführten Positionen nicht erfasst sind.

Im Jahr 2011 zahlten Mieterinnen und Mieter für sonstige Betriebskosten 0,04 Euro pro Quadratmeter und Monat. Damit sind „sonstige Betriebskosten" genauso teuer wie zum Beispiel die Gebühren für die Straßenreinigung oder den Allgemeinstrom – und sogar noch teurer als die Schornsteinreinigung.

Eindeutige Festlegung im Mietvertrag

„Sonstiges" ist kein Auffangbecken für alle nur denkbaren Kostenarten. Im Mietvertrag muss eindeutig und unmissverständlich festgelegt werden, welche konkreten Kosten der Vermieter unter „sonstige Betriebskosten" umlegen will.

§

Verweist der Mietvertrag lediglich pauschal auf die Betriebskostenverordnung oder die II. Berechnungsverordnung, sind keine weiteren Betriebskosten, also keine sonstigen Betriebskosten, vereinbart. Auch eine Bestimmung, dass „sonstige Betriebskosten" zu zahlen sind, reicht im Vertragstext nicht aus. Das ist nur eine „unausgefüllte Leerposition" (BGH WuM 2004, 290; OLG Oldenburg RE WuM 95, 430). Im Mietvertrag muss konkret stehen, welche Kosten sich hinter „Sonstiges" verbergen. Wird hierunter zum Beispiel aufgelistet, dass „Feuerlöscher-Gebühren" umgelegt werden, dann muss der Mieter dafür tatsächlich zahlen – aber nur für die „Feuerlöscher-Gebühren" und nicht für weitere Betriebskostenarten.

BGH-Entscheidung zu Betriebskostenarten

Der Bundesgerichtshof hat mehrfach Entscheidungen zu „sonstigen" Betriebskosten gefällt, zum Beispiel zur Dachrinnenreinigung, Elektrorevision oder zu Kosten für den Pförtner. Nachfolgende Kosten können im Mietvertrag nach der Rechtsprechung als „sonstige Betriebskosten" vereinbart werden, vorausgesetzt, sie werden dort namentlich benannt:

- Kosten für ein Schwimmbad, eine Sauna oder andere Gemeinschaftseinrichtungen im Haus,
- Prüfgebühren für Feuerlöscher,
- Kosten der Dachrinnenreinigung (BGH WuM 2004, 290; BGH WuM 2004, 292), zumindest dann, wenn die Dachrinnen wegen eines hohen Baumbestandes regelmäßig gesäubert werden müssen. Dagegen gehört die Dachrinnenreinigung nicht zu den umlegbaren Betriebskosten, wenn es sich bei der Beseitigung einer konkreten Verstopfung um eine einmalige Maßnahme handelt.
- Kosten für die turnusmäßige Prüfung einer Elektroanlage, die sogenannte Elektrorevision (BGH WuM 2007, 198),
- auch Überprüfungskosten für andere technische Einrichtungen, zum Beispiel Gasleitungen, können „sonstige Be-

triebskosten" sein. Anders wiederum, wenn derartige Überprüfungen nur in großen Zeitabständen erfolgen, zum Beispiel nur alle zwölf Jahre.

- Kosten für einen Pförtner, Concierge oder Doorman sind nur ausnahmsweise als „sonstige Betriebskosten" auf den Mieter umlegbar (BGH WuM 2005, 336). Voraussetzung ist, dass der Pförtner aufgrund der Verhältnisse vor Ort tatsächlich erforderlich ist, zum Beispiel um die Sicherheit und Ordnung aufrechtzuerhalten oder wegen eines gesteigerten Sicherheitsbedürfnisses der Mieter im Objekt.
- Kosten für die Wartung und Miete von Rauchwarnmeldern (LG Magdeburg GE 2012, 131, AG Bielefeld GE 2012, 132).

KEINE BETRIEBSKOSTEN

Andere als die oben genannten Kostenarten können – neben Heiz- und Warmwasserkosten (vgl. S. 130) – keine Betriebskosten sein. Selbst eine spezielle Vereinbarung im Mietvertrag ändert hieran nichts. Nachfolgende Kostenarten haben nichts in einer Betriebskostenabrechnung zu suchen:

- Verwaltungskosten,
- Instandhaltungskosten,
- Regieaufschläge, sie sind nichts anderes als Verwaltungskosten,
- Beiträge des Vermieters zu Grundeigentümervereinen,
- Bankentgelte,
- Portokosten,
- Wartungskosten für Klingelsprechanlagen,
- Wartungskosten für Türschließanlagen,
- Wartungskosten für Rauchabzugsanlagen,
- Finanzierungskosten, zum Beispiel um Heizöl einzukaufen,
- Zinsabschlagsteuer,
- Gastankmiete,
- Reparaturkostenversicherung,

03

- Mietausfallversicherung,
- Rechtsschutzversicherung,
- Erbbau- oder Erbpachtzinsen,
- Leasingkosten für den Öltank oder den Brenner,
- Kosten der Wach- und Schließgesellschaft,
- Kosten für die Spülung der Fußbodenheizung,
- Kosten der Fassadenreinigung,
- Ortskirchensteuer (LG Landau in der Pfalz WuM 2012, 469),
- Kosten für Namensschilder oder Kosten der Rohrreinigung (AG Augsburg WuM 2012, 202).

Typische Probleme und Fehler

a) Ein sogenanntes „Umlageausfallwagnis" darf nur für Sozialwohnungen im Rahmen der Betriebskostenabrechnung angesetzt werden. Bei allen anderen Wohnungen ist das unzulässig.

b) Auf den Endbetrag der Abrechnung darf der Vermieter keine Mehrwertsteuer aufschlagen. Das kann bei gewerblichen Mietverhältnissen anders sein.

c) Kosten für die Erstellung der Abrechnung sind Verwaltungskosten und damit nicht umlegbar. Hiervon gibt es dann Ausnahmen, wenn die Betriebskostenverordnung dies ausdrücklich vorgibt. So können beispielsweise die Kosten zur Erstellung der Heiz- und Warmwasserkostenabrechnung ebenso wie die Kosten für die verbrauchsabhängige Abrechnung der Wasserkosten angesetzt werden.

d) Auch wenn im Mietvertrag formuliert ist, dass neben der Grundmiete noch ein abzurechnender Betrag für Verwaltung und Instandhaltung zu zahlen ist, müssen Mieter Verwaltungskosten nicht im Rahmen der Betriebskostenabrechnung zahlen. Vertragliche Vereinbarungen sind hier allenfalls in Geschäftsraummietverträgen möglich.

04 DIE BETRIEBSKOSTEN-ABRECHNUNG

Einmal im Jahr muss der Vermieter über die Betriebskosten abrechnen. Die Abrechnung muss so gestaltet sein, dass sie ein durchschnittlicher, juristisch und betriebswirtschaftlich nicht geschulter Mieter, der nicht täglich mit solchen Dingen zu tun hat, nachvollziehen und überprüfen kann.

Der Abrechnungszeitraum beträgt grundsätzlich 12 Monate. Der Vermieter muss die in diesem Zeitraum angefallenen Betriebskosten des Hauses auf die einzelnen Mietparteien aufteilen und mit deren monatlichen Vorauszahlungen verrechnen.

Der Vermieter muss einmal im Jahr Rechenschaft über tatsächlich entstandene Kosten ablegen sowie die erhaltenen Vorauszahlungen abrechnen, wenn Mieter zusätzlich zur Miete vertraglich festgelegte monatliche Vorauszahlungen für Betriebskosten leisten müssen.

Jährliche Abrechnung über Vorauszahlungen

04

MINDESTANFORDERUNGEN

Die Betriebskostenabrechnung muss eine geordnete Zusammenstellung der Einnahmen und Ausgaben enthalten.

Als Mindestangaben (vgl. BGH WuM 2012, 405; BGH WuM 82, 207) sind für eine Betriebskostenabrechnung folgende Informationen notwendig:

- die konkrete Bezeichnung des Objekts, auf das sich die Abrechnung bezieht,
- die Benennung des Abrechnungszeitraumes,
- die Zusammenstellung der Gesamtkosten für jede Nebenkostenart,
- die Angabe des zugrunde gelegten Verteilerschlüssels,
- die Berechnung des Mieteranteils für die einzelnen Betriebskostenarten,
- die Verrechnung der monatlichen Vorauszahlungsbeträge des Mieters.

Außerdem fordert die Rechtsprechung, dass die Abrechnung so gestaltet sein muss, dass sie ein durchschnittlicher, juristisch und betriebswirtschaftlich nicht geschulter Mieter, der nicht täglich mit solchen Dingen zu tun hat, nachvollziehen und überprüfen kann.

Nachvollziehbare Gestaltung

Nicht erforderlich ist, dass der Vermieter aktuelle Kosten und die des Vorjahres gegenüberstellt.

Die Betriebskostenabrechnung muss inhaltlich und formal in Ordnung, das heißt richtig und fehlerfrei, sein: Damit darf die Abrechnung nur Kosten enthalten, die nach dem Gesetz oder nach dem Mietvertrag umgelegt werden dürfen. Die abgerechneten Kosten müssen tatsächlich und in diesem Umfang angefallen sein. Darüber hinaus muss die Abrechnung rechnerisch richtig sein.

FORMALE ANFORDERUNGEN

Vermieter ist verantwortlich

Abrechnen muss der Vermieter. Er kann einen Dritten mit der Abrechnung beauftragen, zum Beispiel einen Interessenverband oder Rechtsanwalt bzw. eine Wärmemessdienstfirma für die Heizkostenabrechnung. Verpflichtet zur Abrechnung bleibt im Verhältnis zum Mieter aber immer der Vermieter, er ist verantwortlich.

Wechselt der Eigentümer während der Abrechnungsperiode, muss grundsätzlich der neue Vermieter über die Betriebskosten abrechnen (BGH WuM 2004, 94). Auch muss sein Vorgänger nicht über die Vorauszahlungen abrechnen, die Mieter noch an ihn gezahlt haben. War dagegen das Mietverhältnis zum Zeitpunkt des Eigentümerwechsels schon beendet, bleibt der frühere Vermieter für die Abrechnung verantwortlich (BGH WuM 2007, 267). Ähnlich auch bei einem fortgesetzten, laufenden Mietverhältnis: Ältere Abrechnungsperioden, die zum Zeitpunkt des Eigentümerwechsels bereits abgeschlossen waren, sind von den früheren Eigentümern und Vermietern auch abzurechnen.

Die Betriebskostenabrechnung muss schriftlich erfolgen – Textform reicht aus –, sollte an alle Mieter adressiert sein und ihnen zugeschickt werden. Es reicht aber aus, wenn die Abrechnung zum Beispiel an einen der beiden Ehepartner adressiert ist und von diesem eine Nachzahlung gefordert wird (BGH WuM 2010, 170).

Textform bedeutet schriftlich, ohne dass eine Originalunterschrift zwingend erforderlich ist. Erklärungen von Mietern oder Vermietern können auch per E-Mail, Fax oder Kopie abgegeben und verschickt werden. Anstelle der persönlichen Unterschrift reicht es aus, wenn die Nachricht mit dem gedruckten/geschriebenen Namen des Absenders endet. Beispiel: gezeichnet Müller, Geschäftsführer.

ABRECHNUNGSFRISTEN

Spätestens zwölf Monate nach Ende des Abrechnungszeitraumes müssen die Mieter die Abrechnung ihres Vermieters in Händen halten. Die Abrechnung für das Kalenderjahr 2013 müsste danach bis Ende 2014 bei den Mietern eingetroffen sein.

Der Vermieter hält die zwölfmonatige Abrechnungsfrist schon durch Zusendung einer formell ordnungsgemäßen Abrechnung ein. Sie muss noch nicht inhaltlich richtig sein (BGH WuM 2005, 61). Innerhalb der Zwölfmonatsfrist darf der Vermieter Fehler korrigieren, auch zum Nachteil des Mieters (BGH WuM 2011, 108). Nach Ablauf der Frist ist eine Korrektur zu Lasten des Mieters unzulässig (BGH WuM 2005, 61). Anders nach „Treu und Glauben" nur dann, wenn der Fehler in der Abrechnung offensichtlich war, auf einem Versehen des Vermieters beruhte und der Mieter den Fehler – falscher Vorauszahlungsbetrag wurde angerechnet – leicht hätte erkennen können (BGH WuM 2011, 370).

Inhaltliche Fehler, die innerhalb der Abrechnungsfrist berichtigt werden können, sind zum Beispiel ein falscher Verteilerschlüssel oder zu niedrig angesetzte Vorauszahlungen (BGH WuM 2011, 420; BGH WuM 2012, 98).

Zwölfmonatsfrist

Die Zwölfmonatsfrist ist nicht nur eine Abrechnungs-, sondern auch eine Ausschlussfrist. Kommt die Abrechnung später beim Mieter an, kann der Vermieter hieraus keine Nachforderungen mehr stellen.

Dessen ungeachtet können Mieter auch nach Ablauf von zwölf Monaten eine Betriebskostenabrechnung fordern und notfalls einklagen. Befürchtete Rückzahlungsverpflichtungen kann der Vermieter nicht dadurch umgehen, dass er erst gar nicht über die Betriebskosten abrechnet – er bleibt in der Abrechnungspflicht.

Tipp

Ergibt sich aus der – verspäteten – Betriebskostenabrechnung, dass der Mieter ein Guthaben hat, weil die geleisteten Vorauszahlungen die tatsächlichen Kosten überstiegen haben, muss der Vermieter dieses Guthaben auszahlen. Hätte der Vermieter bei nicht ausreichenden Vorauszahlungen rechnerisch Nachforderungen zu stellen, kann er diese nicht mehr durchsetzen, wenn er die Abrechnungsfrist nicht eingehalten hat.

Im Zweifel muss der Vermieter nachweisen, dass die Betriebskostenabrechnung rechtzeitig beim Mieter eingetroffen ist. Es reicht nicht aus, wenn er belegen kann, dass er die Abrechnung rechtzeitig abgeschickt hat. Entscheidend ist nur, wann die Vermieterpost beim Mieter angekommen ist (BGH WuM 2008, 236).

Kannte ein Mieter die rechtlichen Konsequenzen der Abrechnungs- und Ausschlussfrist nicht und hat deshalb irrtümlich auf eine verspätete Vermieterabrechnung hin gezahlt, hat sich der Vermieter ungerechtfertigt bereichert. Der Mieter kann seine Zahlung zurückfordern, der Vermieter muss das Geld erstatten (BGH WuM 2006, 150).

Guthaben oder Saldo sofort fällig

Erfolgte die Abrechnung dagegen innerhalb der zwölfmonatigen Abrechnungsfrist und endet die Abrechnung mit einem Guthaben für den Mieter, ist dieses Saldo unverzüglich fällig und auszuzahlen. Im umgekehrten Fall ist der Nachforderungsanspruch des Vermieters ebenfalls sofort fällig. Allerdings steht dem Mieter noch eine angemessene Prüfzeit zu um zu klären, ob die Abrechnung inhaltlich und formell in Ordnung oder fehlerhaft ist. Als angemessen gilt hier eine Frist von zwei bis vier Wochen. Je nach Einzelfall, das heißt nach Umfang der Abrechnung, Größe des Objekts, Abweichungen vom Vorjahr usw., kann die Prüfzeit bis zu zwei Monate betragen.

05 PRÜFUNG DER BETRIEBS-KOSTENABRECHNUNG

Nach den Erfahrungen der örtlichen DMB-Mietervereine ist jede zweite Betriebskostenabrechnung falsch. Mieter sollten deshalb die Abrechnung des Vermieters nicht ohne Weiteres akzeptieren. Sie haben das Recht, inhaltliche Fehler und formelle Mängel zu reklamieren und Korrekturen zu fordern. Gegebenenfalls können sie auch darauf bestehen, dass eine neue Abrechnung erstellt wird.

Reklamation von Mängeln

Mieter müssen die Betriebskostenabrechnung des Vermieters nicht ohne Weiteres akzeptieren. Sie haben das Recht, inhaltliche Fehler und formelle Mängel zu reklamieren und Korrekturen zu fordern. Gegebenenfalls können sie sogar darauf bestehen, dass eine neue Abrechnung erstellt wird.

In den meisten Fällen sind die Fehler aber nicht so offensichtlich, dass sie sofort gerügt werden können. Deshalb hat der Mieter Zeit, zunächst einmal sorgfältig zu prüfen, ob die Abrechnung in Ordnung ist oder nicht. Unter Umständen werden Rückfragen beim Vermieter notwendig, benötigen Mieter Erklärungen zu den einzelnen Nebenkostenpositionen, zu Preisunterschieden gegenüber dem Vorjahr oder sonstigen Änderungen. Darüber hinaus kann es sinnvoll sein, Belege und Rechnungsunterlagen einzusehen, um die Abrechnung zu prüfen und zu verstehen – auch hierzu sind Mieter berechtigt.

BELEGEINSICHT UND PRÜFUNG

Bezweifelt der Mieter nach Durchsicht der Betriebskostenabrechnung, dass die Versicherungskosten um 15 Prozent gestiegen sind, der Hausmeister jetzt 75.000 Euro im Jahr verdient oder erscheint ihm der Wasserverbrauch immens hoch, kann er zur weiteren Überprüfung die Originalbelege einsehen.

Einsicht in Unterlagen

Das bedeutet, der Mieter hat das Recht, alle Unterlagen zu sichten und zu prüfen, die der Vermieter bei den abgerechneten Kosten zugrunde legt. Dazu gehören die Versicherungspolicen und -rechnungen, der Hauswartvertrag oder die Wasserabrechnungen des Versorgers. Weder der Vermieter selbst noch der Hauswart oder irgendein Dritter können die Ausübung dieses Mieterrechts verhindern oder beschränken, zum Beispiel durch Hinweise auf den Datenschutz. Um beispielsweise die Heizkostenabrechnung zu überprüfen, kann sich der Mieter nicht nur die Rechnungen der Versorger und Öllieferanten zeigen lassen, er hat unter Umständen auch Anspruch auf die Einsichtnahme in die Verbrauchsdaten der anderen Nutzer des Hauses (LG Berlin WuM 2014, 28).

Kontrollieren und einsehen kann der Mieter außerdem zum Beispiel:

- Grundsteuerbescheid,
- Bescheid über Wasser- und Abwasserkosten, Rechnungen des Dienstleisters für Abrechnungen, Nacheichung usw.,
- Wartungsvertrag für den Aufzug,
- Bescheid für Straßenreinigung,
- Bescheid über Müllgebühren,
- Vertrag mit Reinigungsfirma oder Putzfrau über die Hausreinigung,
- Vertrag mit Gärtnerei oder Gartenpflegefirma über zu erbringende Leistungen,
- Rechnung des Schornsteinfegers.

Solange der Vermieter jegliche Belegeinsicht verweigert, muss der Mieter eine eventuelle Nachforderung des Vermieters aus der Betriebskostenabrechnung nicht zahlen, er hat ein Zurückbehaltungsrecht (BGH WuM 2006, 200; AG Dortmund WuM 2011, 31). Das Gleiche gilt, wenn die angebotene Einsichtnahme dem Mieter wegen der großen Entfernung (hier Köln – Berlin) nicht zumutbar ist (AG Köln WuM 2012, 378).Der Vermieter muss keinen konkreten Termin für die Belegeinsicht vorschlagen oder auf eine Terminanfrage antworten. Es reicht aus, wenn mitgeteilt wird, dass die Unterlagen – zu den üblichen Geschäftszeiten – zur Einsicht zur Verfügung stehen (LG Berlin WuM 2012, 469).

Belegprüfung im Vermieterbüro

Der Vermieter ist grundsätzlich verpflichtet, die Rechnungsunterlagen in seinem Büro bzw. im Büro seines Verwalters offenzulegen und vorzuzeigen. Das gilt zumindest dann, wenn sich das Büro am Standort der Mietwohnung befindet. Bei überregional tätigen Wohnungsunternehmen muss der Mieter nicht an den Hauptstandort des Unternehmens reisen, sondern er kann die Vorlage bei einem regionalen Repräsentanten des Vermieters fordern (LG Freiburg NZM 2012, 23). Das AG Köln (WuM 2012, 378) meint entweder Zusendung von Belegkopien oder Einsichtnahme am Wohnort des Mieters.

Tipp

Um die Rechnungsunterlagen zu prüfen, darf der Mieter eine Person seines Vertrauens bzw. einen rechtskundigen Helfer mitnehmen, zum Beispiel den Berater seines Mietervereins. Außerdem kann er seinen Rechtsanwalt oder den Mieterverein auch bevollmächtigen, die Unterlagen einzusehen und zu prüfen.

Während der Belegprüfung im Büro des Vermieters oder der Hausverwaltung kann der Mieter die Unterlagen – zumindest mit eigener Ausstattung – fotografieren und ablichten (LG Potsdam WuM 2011, 631).

Dies kann notwendig werden, weil der Bundesgerichtshof vor einiger Zeit entschieden hat, dass Mieter grundsätzlich keinen Anspruch auf Zusendung von Fotokopien der Abrechnungsbelege haben (BGH WuM 2006, 200 und BGH WuM 2006, 618).

Durch diese Entscheidung werden letztlich die Kontrollmöglichkeiten eingeschränkt, zumindest aber muss mehr Zeit zur Prüfung der Belege einkalkuliert werden. Während für Sozialwohnungen in Paragraph 29 Absatz 2 Neubaumieten-Verordnung gesetzlich ausdrücklich geregelt ist, dass Mieter die Zusendung von Fotokopien verlangen können, fehlt eine entsprechende Regelung im Bürgerlichen Gesetzbuch für frei finanzierte Wohnungen.

Kein Anspruch auf Zusendung

Mieter haben demnach in der Regel keinen Anspruch auf Zusendung von Fotokopien der Abrechnungsunterlagen, auch dann nicht, wenn ein Rechtsanwalt oder der Mieterverein den Vermieter auffordern, ihnen Kopien zur Belegprüfung zuzusenden, oder Vermieter in der Vergangenheit freiwillig Fotokopien zur Verfügung gestellt haben (BGH WuM 2006, 616).

Weigert sich der Vermieter, muss der Mieter zur Prüfung der Belege in das Vermieterbüro.

Allerdings nennt der Bundesgerichtshof auch Ausnahmen. So kann der Mieter die Zusendung von Kopien verlangen, wenn ihm die Einsichtnahme in den Räumen des Vermieters nicht zuzumuten ist, zum Beispiel wegen einer Krankheit oder Gehbehinderung. Auch wenn Mieter und Vermieter heillos zerstritten sind, ist dem Mieter nach einer Entscheidung des Oberlandesgerichts Düsseldorf (GuT 2006, 233) nicht zuzumuten, die Belegprüfung vor Ort durchzuführen. Eine weitere Ausnahme liegt vor, wenn die Mietwohnung vom Sitz des Vermieters bzw. seiner Verwaltung relativ weit entfernt ist. Das ist zumindest immer dann der Fall, wenn sich der Vermieterstandort nicht am Ort der Mietwohnung befindet (BGH WuM 2010, 296). Vergleichbares müsste aber gelten, wenn der Mieter in einer Großstadt mehr als zehn Kilometer fahren und in öffentlichen Nahverkehrsmitteln mehrfach umsteigen müsste, um zum Vermieterbüro zu gelangen.

Hat der Mieter somit ausnahmsweise Anspruch auf Zusendung von Fotokopien, muss er die Kosten dafür erstatten. Angemessen sind 25 Cent pro Kopie.

Tipp

Auch wenn der Vermieter in vielen Fällen nicht verpflichtet ist, Fotokopien zuzusenden, er ist weiterhin dazu berechtigt. Deshalb sollten Mieter ihren Vermieter immer vorab fragen, ob er bereit ist, ihnen einzelne Belege der Rechnungsunterlagen gegen Zahlung von 25 Cent pro Kopie zu übersenden. Auch für viele Vermieter ist dies die praktikablere Lösung, anstatt Mieter im Vermieterbüro stundenlang Unterlagen und Aktenordner wälzen, Belege abschreiben oder fotografieren zu lassen.

FORM UND FRIST

Faustformel: Zeitspanne von zwei bis vier Wochen

05

Eine starre oder konkrete Frist für die Überprüfung der Betriebskostenabrechnung gibt es nicht. Eigentlich wird die Forderung aus der Abrechnung sofort fällig (BGH WuM 2006, 200). Als Faustformel kann man aber davon ausgehen, dass Mieter zwei bis vier Wochen Zeit haben. In dieser Zeitspanne können sie einen Beratungstermin beim örtlichen Mieterverein vereinbaren, rechtliche Informationen einholen und dann möglicherweise Ansprüche oder Einwendungen erheben.

Diese Prüffrist hat nichts mit der im Gesetz genannten Einwendungsfrist des Mieters zu tun. Gemäß Paragraph 556 Absatz 3 Satz 5 Bürgerliches Gesetzbuch hat der Mieter seine Einwendungen gegenüber dem Vermieter spätestens zwölf Monate nach Zugang der Abrechnung mitzuteilen. Dabei läuft die Frist immer erst am Ende des Kalendermonats ab (LG Frankfurt/Oder WuM 2013, 40). Wer die Abrechnung im April 2013 erhalten hat, kann Einwendungen bis zum 30. April 2014 erheben.

Geht es etwa um den Abrechnungszeitraum 1. Januar bis 31. Dezember 2012 und hat der Vermieter im Dezember 2013 die Abrechnung geschickt, dann muss der Mieter spätestens im Dezember 2014 seine Einwendungen gegen die Betriebskostenabrechnung geltend gemacht haben. Nach Ablauf dieser zwölf Monate kann der Mieter keinen Fehler oder keine Ungereimtheit der Abrechnung mehr reklamieren.

Das gilt selbst dann, wenn der Vermieter Jahr für Jahr den gleichen Fehler macht und der Mieter in den letzten Jahren immer erfolgreich reklamiert hat. Geschieht dies bei der aktuellen Abrechnung nicht innerhalb der Zwölfmonatsfrist, muss der Mieter die unberechtigte Forderung des Vermieters zahlen (BGH WuM 2010, 420).

Ist die Abrechnung des Vermieters aber schon aus formellen Gründen unwirksam, zum Beispiel weil kein Verteilerschlüssel angegeben ist, wird die zwölfmonatige Einwendungsfrist des Mieters gar nicht erst in Gang gesetzt (BGH WuM 2011, 101).

Zwölfmonatige Einwendungsfrist

Die zwölfmonatige Einwendungsfrist darf jedoch nicht so missverstanden werden, dass Mieter nach Erhalt der Abrechnung auf jeden Fall ein Jahr Zeit haben, bevor sie eine Nachforderung des Vermieters aus der Abrechnung bezahlen müssen. Mit der zwölfmonatigen Einwendungsfrist wird lediglich gesetzlich festgelegt, ab welchem Zeitpunkt Beanstandungen durch den Mieter nicht mehr möglich sind.

Im Übrigen gilt: Nach Vorlage der Abrechnung ist das Saldo auszugleichen, nach Prüfung durch den Mieter, kurzfristig, innerhalb von etwa vier Wochen.

Formvorschriften für Einwendungen des Mieters gegen die Betriebskostenabrechnung gibt es nicht. Der Mieter muss sie dem Vermieter nur mitteilen. Sinnvoll und üblich ist es natürlich, diese Einwendungen – schon zu Beweiszwecken – schriftlich zu erheben. Aus dem Schreiben bzw. der E-Mail muss klar hervorgehen, dass der Mieter Urheber der Reklamation oder Nachfrage ist.

Tipp

Solange die Abrechnung nicht fehlerfrei bzw. in Ordnung ist oder solange der Vermieter Beschwerden des Mieters nicht abgeholfen hat oder auf dessen Einwendungen nicht eingegangen ist, muss der Mieter eventuell bestehende Nachforderungen des Vermieters nicht bezahlen. Der Mieter hat insoweit ein Zurückbehaltungsrecht. Erst wenn der Vermieter eine ordnungsgemäße Abrechnung vorlegt, muss der Mieter tatsächlich zahlen.

Hiervon gibt es eine Ausnahme. Sind nur einzelne Punkte der Abrechnung streitig, darf der Mieter die Nachzahlung nicht in voller Höhe verweigern. Macht der Vermieter eine Nachzahlung in Höhe von 200 Euro aus der Abrechnung geltend und behauptet der Mieter, er müsse keine 10 Euro für die Gemeinschaftsantenne zahlen, dann kann der Mieter nicht den kompletten Nachzahlungsbetrag zurückhalten. Hier dürfte er nur die strittigen 10 Euro zurückhalten, müsste aber 190 Euro nachzahlen.

DIE HÄUFIGSTEN FEHLER BEI DER ABRECHNUNG

Bei etwa 21 Millionen Mietverhältnissen in Deutschland verschicken Deutschlands Vermieter ca. 30 bis 35 Millionen Betriebskosten- und Heizkostenabrechnungen pro Jahr. Immer wieder stellen die Juristen der örtlichen Mietervereine zahlreiche, regelmäßig auftauchende Fehler fest. Diese betreffen häufig:

Verwaltungskosten

Verwaltungskosten, wie zum Beispiel Kosten für die Hausverwaltung, Bankgebühren, Porto, Zinsen, Telefon usw., fallen niemals in die Betriebskosten. Der Mieter muss nicht zahlen, gleichgültig, was im Mietvertrag steht.

Reparaturkosten

Reparaturkosten muss der Mieter nicht zahlen. Reparaturen im Haus oder in der Wohnung sind immer Sache des Vermieters und keine Betriebskosten.

Eigentumswohnungen

Immer wieder finden Mieter einer Eigentumswohnung in ihrer Abrechnung die Position „Verwaltungskosten" und „Instandhaltungskosten". Der Vermieter hat dann die Abrechnung der Wohnungseigentümergemeinschaft einfach an die Mieter weitergeleitet. Das geht nicht. Eigentümer müssen diese Kosten zahlen; Mieter hingegen nicht.

Gewerberäume

Verursachen Geschäfte, Firmen oder Büros deutlich höhere Betriebskosten als Wohnungen, muss der Vermieter das berücksichtigen. Wohnungsmieter bezahlen dann nur, was auf die Mietwohnungen anteilmäßig entfällt. Typische Beispiele: Unterschiedlich hohe Grundsteuer, Friseurgeschäft oder Gaststätte mit hohem Wasserbedarf.

Wartungskosten

Wartungskosten, zum Beispiel für den Fahrstuhl, sind Betriebskosten. Häufig verbergen sich unter dem Begriff „Wartungskosten" aber auch Reparaturkosten – diese muss der Mieter nicht zahlen. Vorsicht bei sogenannten Vollwartungsverträgen: Die Vollwartung beinhaltet auch die Durchführung von Reparaturen. Deshalb können hier wegen versteckter Reparaturkosten bis zu 50 Prozent abgezogen werden.

Hausmeister

Gartenpflege und/oder Treppenhausreinigung gehören zu den typischen Hausmeisterarbeiten. Werden diese Kostenarten einzeln abgerechnet, obwohl es einen Hausmeister gibt, muss nachgehakt werden; denn sonst besteht die Gefahr der Doppelzahlung.

Mädchen für alles

Hausmeister sind in den meisten Fällen „Mädchen für alles". Das heißt, sie erledigen fast immer auch kleinere Reparaturen und übernehmen Verwaltungsaufgaben, so etwa Wohnungsbesichtigungen oder -abnahmen. Das sind aber keine Betriebskosten. Von den Hausmeisterkosten müssen dann entsprechende Abzüge gemacht werden.

Gartenpflegekosten

Nur die immer wiederkehrenden, d.h. ständigen Gartenpflegekosten sind Betriebskosten. Wird der Garten völlig neu angelegt, muss der Mieter das nicht zahlen.

Versicherungen

Die Prämien für Gebäude- und Haftpflichtversicherungen sind Betriebskosten. Nicht aber die Kosten für sonstige Versicherungen des Vermieters, z.B. eine Rechtsschutz-, Hausrat- oder Mietverlustversicherung.

Alle Wohnungen zählen

Bewohnt der Vermieter selbst eine Wohnung im Mietshaus, muss er sich an den Betriebskosten anteilig beteiligen. Auch der im Haus wohnende Hausmeister muss anteilige Betriebs- und Hausmeisterkosten zahlen.

Leerstand

Für leer stehende Wohnungen muss der Vermieter die anteiligen Betriebskosten übernehmen. Vorsicht, wenn die Gesamtwohnfläche des Hauses (Quadratmeter) plötzlich niedriger als im Vorjahr ist. Das spricht dafür, dass der Vermieter die Kosten nur auf die vermieteten Wohnungen umlegen will.

Messdifferenzen

Werden die Wasserkosten verbrauchsabhängig abgerechnet, zeigt der Hauptwasserzähler im Haus normalerweise mehr an als die Wohnungszähler insgesamt. Bis zu einer Abweichung von 20 Prozent wird in der Regel das Messergebnis des Hauptwasserzählers verwendet. Bei größeren Abweichungen müssen die Ursachen geklärt werden. Hier kann praktisch nur das Ergebnis der Wohnungszähler verwendet werden.

Müllbeseitigung

Mietkosten für Müllbehälter sowie die Anschaffungskosten für die Behälter sind keine Betriebskosten.

Ungezieferbekämpfung

Einmalkosten, z.B. für die Reinigung einer verseuchten Wohnung oder eines verseuchten Hauses, sind keine Betriebskosten. Auch nicht umlegbar sind Kosten, die nachweislich von einer Mietpartei verursacht wurden.

Wohnungsgröße

Bei der Kostenverteilung nach Wohnfläche kommt es auf die im Mietvertrag genannte Wohnungsgröße an. Nachmessen kann sich trotzdem lohnen. Ist die Wohnung mehr als 10 Prozent kleiner als die im Mietvertrag genannte Wohnfläche, muss die tatsächliche Wohnfläche zugrunde gelegt und die Abrechnung korrigiert werden.

INHALTLICHE UND FORMELLE FEHLER

Anspruch auf korrekte Abrechnung

Eigentlich könnte es dem Mieter gleichgültig sein, ob seine Abrechnung inhaltliche oder formelle Fehler hat. Er hat Anspruch auf eine korrekte Abrechnung. Trotzdem ist die Unterscheidung zwischen inhaltlichen und formellen Fehlern wichtig.

Die formell fehlerhafte Abrechnung ist unwirksam, sie löst keine Konsequenzen oder Ansprüche aus. Will der Vermieter Forderungen geltend machen, muss er eine neue Abrechnung vorlegen. Nach Ablauf der zwölfmonatigen Abrechnungsfrist kann er formelle Fehler aber nicht mehr korrigieren.

Dagegen kann eine formell ordnungsgemäße, aber inhaltlich falsche Abrechnung unter Umständen auch noch nach Ablauf der Abrechnungsfrist korrigiert werden (BGH WuM 2009, 42).

Obwohl die Konsequenzen durchaus gravierend sein können, ist die Unterscheidung zwischen inhaltlichen und formellen Fehlern schwierig, anhand nachfolgender Formel aber möglich:

Urteilt der Mieter: Das verstehe ich nicht, hat die Abrechnung einen formellen Fehler.
Sagt der Mieter: Das ist falsch, hat die Abrechnung einen inhaltlichen Fehler.

Nach BGH (WuM 2009, 42) betreffen Fragen, ob die abgerechneten Positionen dem Ansatz und der Höhe nach zu Recht bestehen oder sonstige Mängel der Abrechnung vorliegen, zum Beispiel ein falscher Anteil an den Gesamtkosten zugrunde gelegt werden, die inhaltliche Richtigkeit der Abrechnung.

Inhaltliche Fehler sind zum Beispiel:

- Die in der Abrechnung angegebenen Vorauszahlungsbeträge stimmen nicht.
- Vorauszahlungsbeträge des Mieters werden überhaupt nicht berücksichtigt (BGH WuM 2012, 278).
- Als Verteilerschlüssel wurde nicht der vertraglich vereinbarte Aufteilungsmaßstab gewählt (BGH WuM 2005, 61).
- Fasst der Vermieter (möglicherweise zu Unrecht) mehrere Gebäude zu einer Abrechnungseinheit zusammen, ist das eine Frage der materiellen Richtigkeit der Abrechnung. Mit der formellen Wirksamkeit hat das nichts zu tun (BGH WuM 2012,97).
- In der Abrechnung werden andere Flächenangaben gemacht als in den Vorjahren (BGH WuM 2008, 407).
- In der Abrechnung sind Angaben zum Ablesetag fehlerhaft, zum Beispiel bei den Positionen „Heizkosten" oder „Wasserkosten".
- Die Aufteilung der Versicherungskosten ist falsch.
- Die Zusammenfassung von verschiedenen Nebenkostenpositionen ist nicht richtig.
- Trotz nicht nachvollziehbarer starker Kostensteigerungen enthält die Abrechnung kein Wort der Erklärung. Kein formeller Fehler, so der Bundesgerichtshof (WuM 2008, 407),

unter Umständen aber ein inhaltlicher Fehler, der Vermieter muss auf Nachfrage aufklären.

- Unterlässt der Vermieter den vorgeschriebenen Vorwegabzug, wenn die Kosten des gewerblichen Mietverhältnisses in einem gemischt genutzten Objekt deutlich höher sind, ist das ein inhaltlicher Fehler, aber kein formeller Mangel (BGH WuM 2012, 22).

Formelle Fehler sind zum Beispiel:

- Aus der Abrechnung ist nicht zu entnehmen, mit welchem Verteilerschlüssel der Vermieter gerechnet hat (BGH WuM 2009, 42).
- Der Verteilerschlüssel ist unverständlich (zum Beispiel 38 16,00, gemeint ist das Produkt aus Wohnfläche und Anzahl der Monate; (BGH WuM 2008, 351) oder die Abrechnung enthält Schlagworte wie „Mieter 1" oder „Gesamtzeitanteile", „UE", „Str. intern, Rgl. Hzg. Übergabe, Str. Hpt. Übergabe".
- Der Vermieter zieht die Kosten für gewerbliche Betriebe sofort ab, weist also bei den jeweiligen Betriebskostenarten den Teilbetrag, nicht aber den Gesamtbetrag aus (BGH WuM 2007, 196).
- Die Kostenanteile für Verwaltungs- und Reparaturkosten werden von den Hauswartkosten abgezogen, ohne die Hauswartkosten insgesamt zu nennen (BGH WuM 2007, 575).
- Der Vermieter rechnet die Kosten einer größeren Wohnanlage, ohne sie zu nennen, auf kleinere Einheiten um (BGH WuM 2007, 700).
- Der Vermieter legt nicht die Gesamtkosten für Wasser und Abwasser offen, sondern beziffert nur die Kosten, die er auf die Wohnungsmieter umlegt.
- Die einzelnen Rechenschritte in der Abrechnung sind nicht nachvollziehbar oder nicht erkennbar (AG Dortmund WuM 2012, 450).

- Der auf den Mieter entfallende Kostenanteil ist nicht berechnet.
- Der Abrechnungszeitraum ist länger als zwölf Monate (LG Gießen DWW 2009, 189).

MUSTERABRECHNUNG – „KALTE" BETRIEBSKOSTEN 2013

Die nachfolgende Musterabrechnung für Betriebskosten (siehe S. 103) zeigt beispielhaft, wie eine Abrechnung aufgebaut sein kann und wie die Kosten auf die Mieter des Hauses zu verteilen sind.

Aus der Abrechnung müssen sich der Absender – hier die Wohnungsbaugesellschaft Glückauf mbH – und der Empfänger – hier Mieter Hermann-Josef Thon – ergeben. Angegeben werden in der Abrechnung auch das Abrechnungsobjekt selbst und die konkrete Mieterwohnung. Das Ausstellungsdatum für die Abrechnung ist nicht zwingend, wohl aber die weiteren Angaben, zum Beispiel der Abrechnungszeitraum.

ABRECHNUNGSZEITRAUM

Der Abrechnungszeitraum bzw. die -periode beträgt immer ein Jahr und beschreibt die Zeitspanne, über die der Vermieter „jährlich" abzurechnen hat. Der Abrechnungszeitraum betrifft häufig das Kalenderjahr, also die Zeit vom 1. Januar bis 31. Dezember, zwingend ist das aber nicht. Denkbar ist, dass – wie beispielsweise auch oft bei den Heizkosten – analog der beginnenden oder endenden Heizperiode abgerechnet wird, also etwa vom 1. Oktober bis 30. September oder vom 1. April bis 31. März jeweils des Folgejahres. Entscheidend ist allein, dass der Abrechnungszeitraum zwölf Monate beträgt und nicht länger.

Vorsicht
Auch per Mietvertrag darf der Abrechnungszeitraum nicht auf 15 Monate oder zwei Jahre verlängert werden. Eine derartige Vereinbarung zum Nachteil des Mieters ist nach dem Gesetz (§ 556 Absatz 4 BGB) unwirksam (LG Bremen WuM 2006, 199), es liegt ein formeller Mangel vor (LG Gießen DWW 2009, 189).

Auch eine kürzere Abrechnungsperiode als zwölf Monate ist grundsätzlich nicht zulässig. Lediglich in Einzelfällen kann es dem Vermieter nach Treu und Glauben erlaubt sein, von den jährlichen Abrechnungsperioden abzuweichen, zum Beispiel dann, wenn er auf die Abrechnung nach dem Kalenderjahr umstellen will, wenn der Vermieter gewechselt hat oder wenn die Kostenverteilung bei Wasser von Wohnfläche auf Verbrauch geändert werden soll.

So hat der Bundesgerichtshof beispielsweise entschieden (BGH WuM 2011, 511), Mieter und Vermieter könnten den Abrechnungszeitraum einvernehmlich – hier auf 19 Monate – verlängern, wenn dadurch auf eine kalenderjährliche Abrechnung umgestellt werden soll.

Die Abrechnungszeiträume für die „kalten Betriebskosten" und für die Heizkosten (vgl. S. 130) müssen nicht übereinstimmen. Trotzdem kann der Vermieter einheitlich abrechnen (BGH WuM 2008, 404). Das gilt nur dann nicht, wenn für die kalten Betriebskosten und für die Kosten für Heizung und Warmwasser separate Vorauszahlungsbeträge im Mietvertrag vereinbart sind. Dann muss der Vermieter zwei getrennte Abrechnungen vorlegen.

Wohnungsbaugesellschaft Glückauf mbH, 44444 Musterkirchen

Wohnungsbaugesellschaft Glückauf mbH · 44444 Musterkirchen

Herrn
Hermann-Josef Thon
Parkstr. 4
40444 Musterkirchen

Abrechnung erstellt am: **13.05.2014**
Abrechnungszeitraum: **01.01.2013 bis 31.12.2013**
Mietzeit: **01.01.2013 bis 31.12.2013**

Betriebskostenabrechnung 2013

für die Wohnung Nr. 24, Parkstr. 4, 40444 Musterkirchen, Mieter: Thon

I. Allgemeine Angaben zu Verteilerschlüsseln

Wohnfläche (W): Mietwohnung: 50 qm Gesamtwohnfläche des Hauses: 1.500 qm
Personenzahl (P): Mieterhaushalt: 1 Gesamtzahl der Mieter im Haus: 55
Wohneinheiten (WE): Gesamtzahl der Wohnungen im Haus: 25

II. Gesamtkosten und Verteilung

Kostenart	Gesamtkosten des Hauses	Verteiler-schlüssel	Kosten pro Kopf, qm oder Wohneinheit	Mieter-anteil	Kosten für Mieter
Grundsteuer	3.420,00	W	2,28	50	114,00
Wasser	3.780,95	P	68,73	1	68,73
Entwässerung / Abwasser	3.600,00	P	65,45	1	65,45
Fahrstuhl	2.520,00	W	1,68	50	84,00
Straßenreinigung	900,00	W	0,60	50	30,00
Müllabfuhr	3.520,00	P	64,00	1	64,00
Hausreinigung	2.700,00	W	1,80	50	90,00
Ungezieferbekämpfung	100,00	W	0,07	50	3,50
Gartenpflege	-	-	-	-	-
Beleuchtung, Haus	820,00	W	0,55	50	27,50
Schornsteinfeger	780,00	W	0,52	50	26,00
Sach- und Haftpflicht-versicherung	2.160,00	W	1,44	50	72,00
Hauswart/ Hausmeister	3.750,00	W	2,50	50	125,00
Gemeinschaftsantenne/ Kabelanschluss	80,00	WE	10,00	1	8,00
Maschinelle Wascheinrichtung	-	-	-	-	-
Sonstiges	-	-	-	-	-

III. Ihre Kosten – Nachzahlung / Guthaben

Ihre Gesamtkosten: 706,18 Euro
Ihre Vorauszahlung: (60 Euro/Monat; 01/13–12/13) 720,00 Euro
Ihre Nachzahlung / **Ihr Gluthaben**: **13,82 Euro**

gez. Müller
Geschäftsführer WBG

Unterschrift

MIETZEIT

Haben die Mieter während des gesamten Abrechnungszeitraums im Haus gewohnt, sind die Zeitspannen unter „Abrechnungszeitraum" und „Mietzeit" identisch. Ist der Mieter aber während des Abrechnungszeitraums in die Wohnung eingezogen oder ist er ausgezogen, muss dies unter „Mietzeit" festgehalten werden.

Auch wenn der Mieter am 1. Mai 2013 ausgezogen ist, bleibt es bei dem einmal festgelegten Abrechnungszeitraum. Der Vermieter kann im gleichen Rhythmus wie bisher abrechnen, er muss keine Zwischenabrechnung zum 1. Mai erstellen. Auf der anderen Seite darf ein Mieter, der zwischenzeitlich ausgezogen ist, nur zeitanteilig mit Betriebskosten des Abrechnungsjahres 2013 belastet werden.

Für die zwölfmonatige Abrechnungsperiode fallen in der Wohnung Nr. 24, Parkstr. 4, 114 Euro für Grundsteuer an. Zeitanteilig bedeutet das bei einem Auszug zum 1. Mai, dass für vier Monate Grundsteuer bezahlt werden muss, also 38 Euro.

Schwieriger ist die Aufteilung bei einem Mieterwechsel, wenn es um Heizkosten geht (vgl. S. 170 f.) oder wenn Kosten nach dem Abflussprinzip abgerechnet werden.

LEISTUNGS- ODER ABFLUSSPRINZIP?

Bei der Frage „Leistungs- oder Abflussprinzip?" muss entschieden werden, welche Kosten eigentlich in eine Betriebskostenabrechnung des Jahres 2013 und einen Abrechnungszeitraum vom 1. Januar bis 31. Dezember 2013 eingestellt werden dürfen.

Nach dem Abflussprinzip sind das alle Kosten, die 2013 bezahlt, in Rechnung gestellt oder mit Gebührenbescheid geltend gemacht wurden.

Alternativ sieht das Leistungsprinzip vor, alle Kosten, die 2013 entstanden sind, das heißt alle Rechnungsbeträge und Bescheide, die sich auf das Jahr 2013 beziehen, in die Betriebskostenabrechnung 2013 einzustellen.

In der Praxis wird fast immer nach dem Leistungsprinzip abgerechnet. Entscheidend ist, ob sich die Rechnung und der Bescheid auf das Abrechnungsjahr beziehen, nicht, wann der Vermieter zahlt.

Schwierigkeiten können dann auftreten, wenn es um Kosten geht, die für einen Zeitraum anfallen, der nicht dem Abrechnungszeitraum entspricht.

Der Abrechnungszeitraum entspricht dem Kalenderjahr. Der Bescheid der Kommune für Straßenreinigung, Müll und Grundsteuer 2012 bezieht sich auf den Zeitraum 1. April 2012 bis 31. März 2013. Der Bescheid 2013 bezieht sich auf den Zeitraum 1. April 2013 bis 31. März 2014. In der Betriebskostenabrechnung 2013 müsste der Vermieter aus dem Bescheid 2012 anteilig drei Monate (Januar bis März 2013) und aus dem Bescheid 2013 zeitanteilig neun Monate (April bis Dezember 2013) einstellen.

Eigentumswohnanlagen

In vielen Eigentumswohnungsanlagen wird nicht nach dem Leistungs-, sondern nach dem Abflussprinzip abgerechnet. Hier wird entscheidend darauf abgestellt, wann Rechnungen bezahlt wurden. Nach Ansicht des Bundesgerichtshofs (BGH WuM 2008, 285; BGH WuM 2008, 223) dürfen Vermieter bzw. Wohnungseigentümergemeinschaften auch nach dem Abflussprinzip abrechnen. Die Karlsruher Richter räumten aber ein, dass Mieter, die während der Abrechnungsperiode ausziehen, bei derartigen Abrechnungen benachteiligt sein könnten.

Deshalb soll in diesen Fällen nicht nach dem Abflussprinzip abgerechnet werden dürfen. Bei verbrauchsabhängiger Abrechnung, zum Beispiel über Heizkosten und Warmwasser, ist eine Abrechnung nach dem Abflussprinzip unzulässig (BGH WuM 2012, 143).

Der Vermieter darf nicht sowohl nach dem Leistungs- als auch nach dem Abflussprinzip abrechnen. Er darf von dem einmal festgelegten Prinzip nicht ohne Weiteres abweichen.

APERIODISCHE KOSTEN

Betriebskosten sind laufend entstehende, regelmäßig und immer wiederkehrende Kosten. Allerdings müssen sie nicht zwingend jährlich auftreten. So gehört der Austausch des Sandes für den Spielplatz zwar zu den Gartenpflegekosten, dieser wird jedoch normalerweise nur alle zwei bis drei Jahre notwendig sein. Die Dachrinnenreinigung kann eine „sonstige" Betriebskostenart sein und wird oft alle drei bis vier Jahre erfolgen. Werden eichpflichtige Wasser- oder Wärmezähler ausgetauscht, sind das Wasser- und Heizkosten. Die Kosten müssen aber nur alle fünf bzw. sechs Jahre bezahlt werden.

Verteilte Abrechnung

Korrekterweise dürfen die Kosten nicht „auf einen Schlag" in die Abrechnung eingestellt werden. Wird alle drei Jahre eine Dachrinnenreinigung durchgeführt, dann muss die Rechnung für die Arbeiten 2012 gedrittelt werden. Ein Drittel kann in die Abrechnung 2012 eingestellt werden, ein Drittel in die Abrechnung für 2013 und ein Drittel in die Abrechnung für 2014. Allerdings hat der Bundesgerichtshof bei der Position Öltankreinigung entschieden, dass derartige Kosten, auch wenn sie beispielsweise nur alle fünf Jahre anfallen, nicht zeitanteilig aufgeteilt werden müssen, da es sich um relativ niedrige Kosten handelt (BGH WuM 2010, 33).

05

DER VERTEILERSCHLÜSSEL

Stehen die Kosten für das gesamte Haus fest, müssen sie auf die einzelnen Mieter oder Wohnungen aufgeteilt werden. Dazu bedarf es eines Verteilerschlüssels oder Aufteilungsmaßstabs. Mieter oder Vermieter können den Verteilerschlüssel frei vereinbaren.

Denkbare Verteilerschlüssel sind:

- Wohnfläche (Quadratmeter),
- umbauter Raum (Kubikmeter),
- Personenzahl,
- Anzahl der Wohneinheiten oder Wohnungen im Haus,
- Miteigentumsanteile (in WEG-Anlagen) oder
- Verbrauch.

Heizkostenverordnung bestimmt Verteilerschlüssel

Der Gesetzgeber macht Vorgaben zur vertraglichen Festlegung des Verteilerschlüssels: So sind nach der Heizkostenverordnung die Kosten für Heizung und Warmwasser immer verbrauchsabhängig abzurechnen. Diese Regelungen der Heizkostenverordnung gehen vertraglichen Absprachen der Vertragsparteien vor.

Auch wenn die Kosten verursacher- oder verbrauchsabhängig erfasst werden, zum Beispiel Wasser, müssen sie entsprechend verteilt werden.

Soweit keine gesetzlichen Regelungen eingreifen und auch keine vertraglichen Absprachen vorliegen, bestimmt Paragraph 556a BGB, dass die Betriebskosten nach der Wohnfläche verteilt werden.

Verteilerschlüssel im Überblick

Einheitlicher Anteil

Wohneinheiten: Bei der Kostenverteilung nach Wohneinheiten werden alle Wohnungen im Haus gleich behandelt. Alle

Haushalte zahlen einen einheitlichen Anteil an den Betriebskosten. Dabei spielt es keine Rolle, wie viele Personen in den einzelnen Haushalten leben oder wie groß die Wohnungen sind. Dass der alleinstehende Mieter eines 40-Quadratmeter-Appartements dann genauso viel zahlen soll wie die Großfamilie in der 160 Quadratmeter großen Wohnung, ist kaum nachvollziehbar.

Der einfache Verteilerschlüssel „Wohneinheiten" ist nur bei einzelnen Betriebskostenarten sinnvoll, zum Beispiel bei Gebühren für Kabelfernsehen.

In der Betriebskostenabrechnung muss dann der Verteilerschlüssel Wohneinheiten (WE) erklärt und die Gesamtzahl der Wohnungen im Haus genannt werden.

Personenzahl: Zumindest bei Kostenarten wie Wasser, Abwasser, Müll, Fahrstuhl oder Hausbeleuchtung erscheint die Kostenverteilung nach der Personenzahl sinnvoll. Je mehr Personen in einer Wohnung leben, desto größer ist der Verbrauch, desto stärker nutzen sie Einrichtungen des Hauses. Bei anderen Kostenarten, zum Beispiel Grundsteuer, Straßenreinigung oder Versicherungen, stimmt die These nicht mehr. Hier haben die Kosten mit der Personenzahl nichts zu tun.

Nachteil einer Kostenaufteilung nach Personenzahl ist, dass häufig Streit entsteht bei der Frage, wie viele Personen überhaupt im Haus wohnen. Bei größeren Mietobjekten ist dies für den Vermieter oder Verwalter kaum zu ermitteln.

- Wer ist Mieter, wer ist Besucher?
- Ist der Lebenspartner schon eingezogen?
- Wohnen Sohn und Tochter noch in der elterlichen Wohnung oder sind sie längst ausgezogen?
- Zählen Neugeborene oder Kleinkinder voll mit? Muss der dreimonatige Winterurlaub berücksichtigt werden?

Hoher Prüf- und Verwaltungsaufwand

Im Ergebnis ist der Verteilerschlüssel Personenzahl bei einer Reihe von Betriebskostenarten gerecht, aber er ist auch kompliziert, verursacht einen erheblichen Prüf- und Verwaltungsaufwand und führt leicht zu Streit.

Bei einer Kostenverteilung nach Personenzahl (P) muss in der Abrechnung angegeben werden, wie viele Personen/Mieter während des Abrechnungszeitraums insgesamt im Haus gewohnt haben und wie viele Personen dem konkreten Mieterhaushalt zugerechnet werden.

Wohnfläche: Der Gesetzgeber favorisiert die Kostenverteilung nach Quadratmetern. Sie ist einfach, verständlich und transparent. Bei Kosten wie Grundsteuer, Versicherungen oder Straßenreinigung ist der Aufteilungsmaßstab auch ohne Weiteres nachvollziehbar. Bei anderen Kosten, wie Müll oder Wasser, kommt es aber leicht zu „ungerechten" Ergebnissen, wenn Personenzahl und Wohnungsgröße nicht übereinstimmen. Dass der Einpersonenhaushalt in der 90 Quadratmeter großen Wohnung mehr Wasserkosten zahlen soll als eine dreiköpfige Familie in einer 80 Quadratmeter großen Wohnung, ist kaum zu verstehen. Trotzdem ist eine derartige Kostenverteilung zulässig, sie verstößt nicht gegen gesetzliche Bestimmungen und wird von Gerichten akzeptiert.

Werden die Betriebskosten nach Wohnfläche verteilt, muss sich aus der Abrechnung ergeben, wie groß die Gesamtwohnfläche des Hauses ist und von welcher konkreten Größe der Mieterwohnung ausgegangen wird.

Je nachdem, welchen Verteilerschlüssel der Vermieter festlegt bzw. mit den Mietern des Hauses vereinbart, kann es zu extrem unterschiedlichen Kostenbelastungen für die Bewohner des Hauses kommen.

In einem Zehnfamilienhaus wohnen 24 Bewohner auf 800 Quadratmetern Wohnfläche. Insgesamt entstehen Betriebskosten in Höhe von 18.000 Euro. In dem Haus wohnen unter anderem ein Rentnerehepaar in einer 60 Quadratmeter großen Wohnung, eine vierköpfige Familie in einer 80 Quadratmeter großen Wohnung und ein Single auf 100 Quadratmetern.

- Werden die 18.000 Euro Betriebskosten nach Wohneinheiten verteilt, zahlen das Rentnerehepaar, die vierköpfige Familie und der Single jeweils 1.800 Euro im Jahr.
- Teilt der Vermieter die Betriebskosten nach Personenzahl auf, müsste der Single nur 750 Euro zahlen, das Rentnerehepaar 1.500 Euro und die vierköpfige Familie 3.000 Euro.
- Bei der Kostenaufteilung nach Wohnfläche zahlt der Single 2.250 Euro, das Ehepaar 1.350 Euro und die Familie 1.800 Euro.

Kombination verschiedener Verteilerschlüssel

Der Vermieter muss die unterschiedlichen Betriebskosten nicht nach einem einheitlichen Verteilerschlüssel abrechnen. Mieter und Vermieter können vereinbaren, verschiedene Verteilerschlüssel in der Betriebskostenabrechnung zu kombinieren. So werden in der Beispielabrechnung (vgl. S. 101) die Kosten für Wasser, Abwasser und Müllabfuhr nach Personenzahl, die für Antenne bzw. Kabelanschluss nach Wohneinheiten und alle anderen Kosten nach Wohnfläche verteilt.

Auszugehen ist von den Gesamtkosten des Hauses. Danach sind die Kosten anzugeben, die tatsächlich als Betriebskosten im Haus verteilt werden sollen. In der Beispielabrechnung ergeben sich die Unterschiede etwa bei der Position Hauswart/Hausmeister. Der Hausmeister verursacht insgesamt Kosten in Höhe von 7.200 Euro. Umlagefähig sind aber nur 3.600 Euro. Hier berücksichtigt der Vermieter, dass der Hausmeister auch Reparatur- und Verwaltungsarbeiten durchführt. Auch bei den Fahrstuhlkosten hat der Vermieter von den insgesamt entstandenen Kosten in Höhe von 3.600 Euro 30 Prozent wegen eines abgeschlossenen Vollwartungsvertrages abgezogen, sodass im Haus nur Fahrstuhlkosten in Höhe von 2.520 Euro verteilt werden.

Besonderheiten beim Schlüssel „Wohnfläche"

Vorgaben der Wohnflächenverordnung

Werden die Betriebskosten entsprechend der Wohnfläche auf die Mieter des Hauses verteilt, kommt es grundsätzlich auf die tatsächliche Wohnungsgröße an. Zur Bestimmung der Wohnfläche wird, soweit nicht ausdrücklich etwas anderes zwischen den Vertragspartnern vereinbart ist, auf die Wohnflächenverordnung bzw. auf deren Vorläufer, die weitgehend identische II. Berechnungsverordnung, zurückgegriffen.

Danach zählen bei der Wohnfläche nur Räume innerhalb der Wohnung mit. Voll angerechnet werden Räume oder Raumteile mit einer Höhe von mindestens zwei Metern. Zur Hälfte werden Raumteile mitgerechnet zwischen ein und zwei Metern Höhe; Raumteile unter einem Meter Höhe zählen gar nicht mit.

Für Terrassen- und Balkonflächen gilt zumindest für Vertragsabschlüsse ab 2004 die Vorgabe der Wohnflächenverordnung: Hiernach sind diese Flächen in der Regel mit 25 Prozent anzusetzen. Bei älteren Mietverträgen gilt dagegen noch die II. Berechnungsverordnung, wonach für die Terrassen- und Balkonflächen bis zu 50 Prozent anzusetzen sind.

Mietvertragswohnfläche

Der Bundesgerichtshof (WuM 2007, 700) hat entschieden, dass Vermieter auch auf die im Mietvertrag vereinbarte Fläche zurückgreifen können. Die „Mietvertrags-Wohnfläche" soll auch dann gelten, wenn die Wohnung tatsächlich kleiner ist. Das sei unerheblich, zumindest solange die Abweichung nicht mehr als 10 Prozent beträgt. Erst beim Überschreiten der 10-Prozent-Grenze ist die tatsächliche Wohnungsgröße entscheidend und nicht mehr die im Vertrag angegebene.

Besonderheiten beim Schlüssel „Personenzahl"

Werden die Betriebskosten nach der Personenzahl aufgeteilt, darf der Vermieter nicht einfach auf das amtliche Einwohnermelderegister zurückgreifen, um die Personenzahl im Haus festzustellen (BGH WuM 2008, 151): Dies ist nach Ansicht der Richter zu ungenau und nicht zwingend aktuell.

Kinder zählen voll mit

Bei dem Aufteilungsmaßstab „Personenzahl" spielt es keine Rolle, ob die Bewohner der Wohnung Erwachsene oder Kinder sind. Auch Kleinkinder und Neugeborene zählen voll mit. Unberücksichtigt bleibt, wenn einzelne Mietparteien monatelang Urlaub machen und sich nicht in der Wohnung aufhalten.

Leerstand

Vermieterrisiko

Wenn eine Wohnung in einer Immobilie leer steht, gelten bei der Betriebskostenabrechnung besondere Regeln: Der Vermieter muss die Leerstandskosten tragen, Leerstand ist Vermieterrisiko. Das bedeutet, leer stehende Wohnungen sind in die Abrechnung mit einzubeziehen, die darauf entfallenden Kosten muss der Vermieter selbst zahlen (BGH WuM 2003, 302). Jede andere Kostenverteilung würde sonst dazu führen, dass die im Haus wohnenden Mieter überproportional an den Betriebskosten des Hauses beteiligt würden, die Wohnkosten daher für sie drastisch stiegen und das Vermietungsrisiko letztlich auf sie abgewälzt würde.

25 Wohnungen, insgesamt 2.000 Quadratmeter, 50.000 Euro Betriebskosten im Jahr. Das sind jährlich 25 Euro pro Quadratmeter. Auf eine 80 Quadratmeter große Wohnung entfallen 2.000 Euro Betriebskosten.

Stehen zehn Wohnungen leer, sind nur 1.200 Quadratmeter vermietet. Werden Betriebskosten des Hauses in Höhe von 50.000 Euro dann auf die dort wohnenden Mieter verteilt, müssten diese 41,67 Euro pro Quadratmeter im Jahr zahlen, für die 80 Quadratmeter große Wohnung sind das dann 3.333,60 Euro.

Hier muss der Vermieter die entstandenen Betriebskosten auf alle Wohnungen – vermietet oder unvermietet – verteilen. Die Mieter zahlen weiterhin 25 Euro pro Quadratmeter im Jahr. Der Vermieter zahlt die Differenz bzw. die Betriebskosten in Höhe von 25 Euro pro Quadratmeter im Jahr für die leer stehenden Wohnungen.

Diese Rechnung gilt auch für Betriebskosten, deren Höhe vom Verbrauch der Bewohner und damit letztlich auch von der Anzahl der Bewohner abhängt, also zum Beispiel die Kosten für Wasser, Abwasser, Müll oder Allgemeinstrom/Hausbeleuchtung (BGH WuM 2006, 440). Voraussetzung ist, diese Kosten werden nicht verbrauchsabhängig abgerechnet, sondern zum Beispiel nach der Wohnfläche. Auch hier kann der Vermieter bei Leerstand im Haus nicht dazu übergehen, diese Kostenarten nur auf die vermieteten Wohnungen aufzuteilen.

Werden die Betriebskosten nach den Regelungen im Mietvertrag nicht nach Wohnfläche, sondern nach Personenzahl verteilt, gilt im Ergebnis nichts anderes. Der Vermieter muss auch hier die Kosten des Leerstandes tragen. Die leer stehenden Wohnungen sind bei der Abrechnung mit der durchschnittlichen Belegungszahl bzw. Personenzahl der Wohnungen im Haus zu berücksichtigen. Zumindest soll für diese Wohnungen eine fiktive Miete angesetzt werden (BGH GE 2013, 411).

Wenn etwa die Kosten für Wasser verbrauchsabhängig abgerechnet werden, dürfen die verbrauchsunabhängigen Kostenanteile, zum Beispiel die Grundgebühr für die Wasserkosten, nicht nach Verbrauch verteilt werden. Diese Kosten müssen verbrauchsunabhängig, also etwa nach Wohnfläche und damit unter Einbeziehung des Vermieters, auf die Mieter verteilt werden (OLG Dresden WuM 2010, 158).

Vorsicht

Solche Regelungen können auch nicht nachträglich in den Mietvertrag aufgenommen werden, wenn es tatsächlich zu einem größeren Wohnungsleerstand gekommen ist. Eine entsprechende Änderung des Mietvertrages bzw. des Verteilerschlüssels kann der Vermieter nicht einseitig vorgeben. Hierzu wäre das Einverständnis aller Mieter im Haus notwendig.

Vereinbarungen im Mietvertrag, die letztlich zu einer anderen Risiko- oder Kostenverteilung kommen, sind unwirksam, zum Beispiel:

- Die Kosten werden im Verhältnis der vermieteten Flächen zueinander aufgeteilt.
- Die Kosten werden nach der bewohnten Fläche verteilt.
- Die Kosten werden nach dem Verhältnis der Einzelmieten aufgeteilt.

Änderung des Verteilerschlüssels

Grundsätzlich ist der einmal festgelegte Verteilerschlüssel bindend. Gleichgültig, ob eine Änderung des im Mietvertrag vereinbarten Verteilerschlüssels sinnvoll und vernünftig ist oder nicht, sie ist in aller Regel unzulässig. Der vertraglich vereinbarte Verteilerschlüssel kann auch nicht durch einen Mehrheitsbeschluss der Mieter des Hauses geändert werden. Wenn nur ein Mieter nicht zustimmt, bleibt es bei den bisherigen Regelungen. Geändert werden kann die Kostenverteilung nur, wenn alle Mieter und der Vermieter in dieser Frage einig sind und „an einem Strang" ziehen. Das ist in der Praxis aber eher selten und sehr unwahrscheinlich. Letztlich führt jede Änderung des Verteilerschlüssels dazu, dass ein Teil der Mieter von dem neuen Aufteilungsmaßstab profitiert, andere Mieter haben entsprechende Nachteile. Unabhängig davon, welcher Verteilerschlüssel gewählt wird: An der Höhe der Kosten, die es im Haus zu verteilen gibt, ändert sich nichts.

Ausnahme: Umstellung auf Verursacherprinzip

Ausnahmsweise darf der Vermieter (§ 556a Absatz 2 BGB) den Verteilerschlüssel ändern, wenn er künftig einzelne Betriebskostenarten nach Verbrauch oder Verursachung abrechnen will. Das gilt beispielsweise für Wasser, Abwasser und Müll. Voraussetzung ist, dass der Vermieter bereits Wasseruhren eingebaut oder eine individualisierte Müllerfassung möglich gemacht hat. Dann kann er für die Zukunft, das heißt die nächste Abrechnungsperiode, den Verteilerschlüssel ändern, schriftlich bzw. in Textform.

Auf die Zustimmung der Mieter kommt es in diesem Fall nicht an, sondern der Vermieter kann „bestimmen". Allerdings setzt die Umstellung auf den Verbrauchsmaßstab bei den Wasserkosten voraus, dass alle Wohnungen im Haus mit entsprechenden Wasseruhren ausgerüstet sind. Fehlen diese in einer Wohnung, ist der Vermieter nicht verpflichtet, verbrauchsabhängig abzurechnen, er kann die Kosten weiter zum Beispiel nach Wohnfläche verteilen (BGH WuM 2008, 288).

Eine Pflicht, den einmal festgelegten Verteilerschlüssel zu ändern, besteht im Übrigen nur in Einzelfällen. Nach Ansicht des Bundesgerichtshofs sind „gewisse Ungenauigkeiten" bei der Kostenverteilung hinzunehmen (BGH WuM 2006, 200). Nur wenn die bisherige Aufteilung grob unbillig ist, es also dabei zu krassen Ungerechtigkeiten kommt, können Mieter eine Änderung fordern (BGH WuM 2008, 288).

Die Vermieterwohnung im Haus ist 150 Quadratmeter groß, die dreiköpfige Familie wohnt in einer 80 Quadratmeter großen Wohnung. Die Kostenverteilung nach Personenzahl führt dazu, dass die Familie in der halb so großen Wohnung dreimal so viel Grundsteuer und Versicherungskosten zahlt wie der Vermieter.

Voraussetzung für eine Änderung des Verteilerschlüssels ist, dass der Abrechnungsmaßstab grob ungerecht ist und die Umstellung auf einen anderen Verteilerschlüssel dem Vertragspartner zumutbar ist. Hier bestimmte eine Mietpartei im Wesentlichen dem Wasserverbrauch des Hauses, weil hier gewerblich gewaschen wurde (LG Stuttgart WuM 2013, 361).

Paragraph 556a Absatz 2 BGB gibt im engen Rahmen die Möglichkeit, den Aufteilungsmaßstab für die Betriebskosten zu wechseln. Dagegen bietet diese Vorschrift keine Möglichkeit, die vertraglich vereinbarte Mietstruktur zu verändern. Ist eine Brutto- oder Teilinklusivmiete vereinbart, kann nicht auf eine Nettomiete umgestellt werden.

Weitere Besonderheiten bei der Kostenverteilung

- Vermieter im Haus: Bewohnt der Vermieter selbst eine Wohnung im Haus, ist er in die Betriebskostenabrechnung mit einzubeziehen. Er muss sich praktisch selbst eine Betriebskostenabrechnung schicken und je nach Verteilungsschlüssel anteilige Betriebskosten des Hauses zahlen.
- Hausmeister: Auch wenn der Hausmeister mit im Haus wohnt, muss er an allen Betriebskosten beteiligt werden, auch an den Hausmeisterkosten. Er zahlt also im Ergebnis einen Teil seines Gehalts selbst.
- Vermietete Eigentumswohnung: Der Verteilerschlüssel einer vermieteten Eigentumswohnung richtet sich danach, welche Regelung zwischen Mieter und Vermieter im Mietvertrag getroffen wurde. Ob die Wohnungseigentümergemeinschaft die Betriebskosten untereinander nach einem anderen Umlagemaßstab verteilt oder nicht, spielt dabei keine Rolle (AG Saarbrücken WuM 2011, 630).
- Wirtschaftseinheit: Der Begriff stammt aus dem Bereich des öffentlich geförderten Wohnungsbaus, den Sozialwohnungen. Hier können bei einer entsprechenden Wirtschaftlichkeitsberechnung mehrere Häuser eines Eigentümers und Vermieters zusammengefasst und auch zusammen abgerechnet werden. Heute taucht der Begriff in gesetzlichen Regelungen nicht mehr auf.

  Für frei finanzierte Wohnungen ist eine Abrechnung nach „Wirtschaftseinheiten" nur zulässig, wenn:
  - der Mietvertrag ausdrücklich die Zusammenfassung mehrerer Gebäude vorsieht oder
  - der Vermieter bei seiner ersten Betriebskostenabrechnung festgelegt hat, dass nach Wirtschaftseinheiten abgerechnet wird und

- die fraglichen Gebäude einheitlich verwaltet werden und
- die Gebäude in einem unmittelbaren örtlichen Zusammenhang stehen und
- bei den Gebäuden keine wesentlichen Unterschiede bestehen hinsichtlich bautechnischer Standards, Bauweise, Ausstattung, Nutzung und Zuschnitts.

05

Sind mehrere Häuser zulässigerweise zu einer Wirtschaftseinheit zusammengefasst worden, muss sich aus der Abrechnung ergeben, wie die Gesamtkosten der einzelnen Häuser verteilt wurden (BGH WuM 2007, 700). Aber: Zu den Mindestanforderungen an eine formell ordnungsgemäße Abrechnung gehören nicht Informationen, aus welchen Gebäuden die Abrechnungseinheit besteht (BGH WuM 2012, 405).

Im Grundsatz gilt im Betriebskostenrecht die Vorgabe, dass Gebäude einzeln abzurechnen bzw. dass kleinstmögliche Einheiten zu bilden sind, und – wenn möglich – zum Beispiel die Kosten nach Hauseingang verteilt werden. Wirtschaftseinheiten sind die Ausnahme.

Beschäftigt der Vermieter ein einzelnes Hauswartunternehmen für mehrere Wohnblocks und rechnet das Unternehmen jeden Wohnblock einzeln gegenüber dem Vermieter ab, muss der in der Betriebskostenabrechnung nur diesen entsprechenden Betrag einsetzen (BGH WuM 2013, 734).

- Gewerbe: Gehören zu einer Wohnanlage oder zu einem großen Mietshaus neben Wohnungen auch Gewerbeflächen oder -räume, können hierdurch höhere Betriebskosten für die Immobilie als bei einer reinen Vermietung von Wohnobjekten entstehen. Die Kosten der Gewerbemieter müssen dann vorab und getrennt erfasst werden, wenn durch eine einheitliche Kostenverteilung auf die Wohnungsmieter eine erhebliche Mehrbelastung zukäme (BGH WuM 2006, 200). Größere Kostenunterschiede kann es zum Beispiel bei der Grundsteuer geben, je nach Gewerbe

bei Wasser und Abwasser oder bei den Versicherungskosten. Bei unterschiedlich hohen Heizkosten müssen Nutzergruppen gebildet werden, der gewerbliche Verbrauch ist mit einem Zähler vorzuerfassen.
Ein Vorwegabzug für Gewerbe ist zum Beispiel für Wasserkosten nicht erforderlich, wenn hier nach Verbrauch anhand von Wasserzählern abgerechnet wird (BGH WuM 2012, 405).

- Garagen: Betriebskosten für die Garagen müssen grundsätzlich getrennt zu den Betriebskosten für Wohnungen ermittelt werden. Die Kosten selbst sind nur auf die Mieter der Garagen oder Stellplätze umzulegen. Ausnahmsweise dürfen die Kosten für Garagen und Wohnungen zusammen veranlagt werden, wenn jeder Wohnungsmieter auch gleichzeitig Garagenmieter ist.

GRUNDSATZ DER WIRTSCHAFTLICHKEIT

Sparsamer Umgang mit Mietergeldern

Seit der Mietrechtsreform im Jahr 2001 steht der Grundsatz der Wirtschaftlichkeit ausdrücklich auch im Bürgerlichen Gesetzbuch (§ 556 Absatz 3 Satz 2 BGB): Danach ist bei der jährlichen Abrechnung über die Vorauszahlungen für Betriebskosten der Grundsatz der Wirtschaftlichkeit zu beachten. Übersetzt bedeutet dies: Der Vermieter soll sparsam mit den Geldern des Mieters umgehen und alle seine kostenrelevanten Entscheidungen so treffen, als wenn er die Ausgaben selbst tragen müsste und nicht auf die Mieter umlegen könnte (§ 560 Absatz 5 BGB stellt klar, dass bei Veränderungen von Betriebskosten der Grundsatz der Wirtschaftlichkeit zu beachten ist). Vermieter müssen somit ein Auge auf möglichst günstige Konditionen haben.

Ermessensspielraum

Was nicht zwangsläufig bedeutet, sich immer für den preiswertesten Anbieter entscheiden zu müssen. Gibt es gewichtige sachliche Gründe, den zweitgünstigsten Anbieter auszuwählen, liegt dies im Ermessen des Vermieters und er kann dieses Unternehmen beauftragen.

Der Vermieter darf nur solche Betriebskosten und nur in einer solchen Höhe Betriebskosten auf die Mieter umlegen, die bei gewissenhafter Prüfung aller Umstände und bei ordentlicher Geschäftsführung gerechtfertigt sind. Das kann z. B. heißen:

- Anfragen und Angebote sind auszuschreiben, zumindest ist am Markt das Preisniveau auszuloten,
- der Einkauf (Mengen) ist zu optimieren,
- Kosten müssen kontrolliert, Rabatte ausgehandelt werden,
- der Leistungsumfang, das heißt die Intervalle für Hausreinigung, Rasen mähen, Gartenpflege usw., sind zu überprüfen,
- der Abschluss von Wartungsverträgen ist zu hinterfragen usw.

So ist nach Ansicht des AG Zossen (WuM 2012, 555) das Gebot der Wirtschaftlichkeit verletzt, wenn der Vermieter für Gartenpflege und Hausreinigung weniger als drei Vergleichsangebote eingeholt hat und die umgelegten Kosten um das Fünf- bis Sechsfache über dem regional Üblichen liegen.

Dem Grundsatz der Wirtschaftlichkeit kommt insbesondere in folgenden Bereichen Bedeutung zu:

- Bestimmte „Betriebskosten“ sind unnötig, sie sind ihrer Art nach nicht gerechtfertigt. Wartungsverträge für eine Türschließanlage, ein fest angestellter Hausmeister für ein Vierfamilienhaus oder eine Erdbebenversicherung in einem erdbebensicheren Gebiet sind überflüssig und unwirtschaftlich.
- Der Umfang der abgerechneten Betriebskosten ist nicht in Ordnung. Das Treppenhaus muss nicht dreimal in der Woche gereinigt werden und der Mini-Garten rechtfertigt keine Festeinstellung eines Gärtners.
- Die einzelnen Betriebskosten sind zu hoch. Das Preis-Leistungs-Verhältnis muss stimmen. Liegen die Kosten für

einen Hausmeister oder eine Reinigungskraft doppelt so hoch wie in vergleichbaren Objekten, zahlt der Vermieter ein überhöhtes Gehalt. Auch beim Abschluss von Versicherungs- oder Wartungsverträgen sowie bei Vereinbarungen mit Abrechnungsfirmen darf der Vermieter keine überhöhten Kosten zahlen.

- Eine erhebliche Kostensteigerung gegenüber dem Vorjahr ist ebenfalls ein deutlicher Hinweis auf einen Verstoß gegen das Wirtschaftlichkeitsgebot. Zumindest auf Nachfrage des Mieters muss der Vermieter die Kostensteigerung erläutern (BGH WuM 2008, 407). Kann dieser keine einleuchtenden Gründe für die erhöhten Kosten nennen, muss er unter Umständen die Nebenkosten selbst tragen.

Der Vermieter muss das Volumen bzw. die Anzahl der Müllbehälter am aktuellen Bedarf ausrichten. Überkapazitäten bei der Hausmüllentsorgung verstoßen gegen das Gebot wirtschaftlichen Handelns (AG Köln WuM 2012, 57).

Betriebskostenspiegel als Vergleichsmaßstab

Ein Verstoß gegen das Wirtschaftlichkeitsgebot hat zur Konsequenz, dass Mieter die Betriebskostenposition ganz streichen oder auf das zulässige Maß, das heißt auf das wirtschaftlich Vernünftige, reduzieren können. Allerdings muss der Mieter darlegen und begründen, weshalb er von einem unwirtschaftlichen Verhalten des Vermieters ausgeht (BGH WuM 2011, 513). Es reicht nicht aus, wenn er allgemein die Höhe der Kosten beklagt, das angemessene Kosten-Nutzen-Verhältnis bezweifelt oder er sich auf überregionale Preisübersichten beruft. Zum Nachweis eines überhöhten Preises kann der Mieter Vergleichsangebote anderer Anbieter vorlegen. Er kann sich an den Zahlen des Betriebskostenspiegels des Deutschen Mieterbundes orientieren (vgl. S. 207) und fragen, wie insbesondere eklatante Abweichungen möglich sind. Mithilfe des bundesweiten Betriebskostenspiegels kann aber natürlich kein Nachweis geführt werden, zum Beispiel nicht, dass örtlich entstehende Kosten überhöht sind. Werden die Durchschnittswerte für Betriebskosten, wie sie in einem lokalen Betriebskostenspiegel oder in einem Mietspiegel genannt werden, aber deutlich überschritten, muss der Vermieter nach Ansicht des Deutschen Mieterbundes darlegen, dass das Preis-Leistungs-Verhältnis in Ordnung ist und kein Verstoß gegen das Wirtschaftlichkeitsgebot vorliegt, so auch das AG Köln (WuM 2013, 360), wenn die abgerechnete Kostenposition fast das Fünffache des regionalen Betriebskostenspiegelwerts ausmacht.

ABRECHNUNGS- UND EINWENDUNGSFRIST

Nach Paragraph 556 Absatz 3 Satz 2 BGB muss der Vermieter innerhalb von zwölf Monaten nach Ende des Abrechnungszeitraums abgerechnet und die Abrechnung dem Mieter zugeschickt haben.

§

Denkbar ist es, dass Mieter und Vermieter im Mietvertrag eine kürzere Abrechnungsfrist vereinbaren. Eine Verlängerung der zwölfmonatigen Abrechnungsfrist ist in der Regel unzulässig. Hintergrund dieser Regelung ist, dass der Gesetzgeber sicherstellen will, dass Mieter innerhalb eines zumutbaren Zeitraums Klarheit bekommen, ob sie aufgrund einer Betriebskostenabrechnung noch nachträglich mit Kosten belastet werden oder nicht. Aber Mieter und Vermieter können den Abrechnungszeitraum einvernehmlich auf beispielsweise 19 Monate verlängern, wenn auf eine kalenderjährliche Abrechnung umgestellt werden soll (BGH WuM 2011, 511).

ZUGANG DER ABRECHNUNG

Die Abrechnungsfrist ist eingehalten, wenn der Mieter ein Jahr nach Ende der Abrechnungsperiode die Betriebskostenabrechnung „in Händen" hält. Entscheidend ist also der Zugang der Abrechnung beim Mieter, nicht der Tag, an dem der

Vermieter die Abrechnung zur Post gegeben hat (BGH WuM 2009, 236).

Rechnet der Vermieter beispielsweise über den Abrechnungszeitraum 1. Januar bis 31. Dezember 2013 ab, muss die Abrechnung bis zum 31. Dezember 2014, also bis Silvester beim Mieter sein.

Von einem Zugang an Silvester kann nur ausgegangen werden, wenn der Mieter die Vermieterpost zu einem Zeitpunkt erhalten hat, zu dem er unter normalen Umständen auch mit Post gerechnet hätte. Wirft der Vermieter die Abrechnung aber erst Silvester um 17 Uhr oder noch später in den Briefkasten des Mieters, muss dieser nicht mehr damit rechnen – die Abrechnung ist nicht zugegangen (AG Ludenscheid WuM 2011, 628). Der Vermieter hat die Abrechnungsfrist nicht eingehalten, er ist mit eventuellen Nachforderungen für den Abrechnungszeitraum 2013 ausgeschlossen.

Die zwölfmonatige Abrechnungsfrist endet immer am Ende des Monats. Ist der letzte Tag des Monats ein Sonntag, so tritt an dessen Stelle der nächste Werktag.

KEINE NACHFORDERUNGEN BEI VERSPÄTUNG

Hat der Vermieter die Abrechnungsfrist überschritten, ist er mit Nachforderungen ausgeschlossen. Die Abrechnungsfrist des Paragraphen 556 Absatz 3 Satz 2 BGB ist eine Ausschlussfrist, wie Satz 3 ausdrücklich bestimmt: Danach schuldet der Mieter aus der fraglichen Abrechnungsperiode keine Nachzahlungen, auch dann nicht, wenn die Abrechnung solche ausweist.

Die Abrechnungsfrist hat der Vermieter schon eingehalten, wenn er dem Mieter eine formell ordnungsgemäße Abrechnung zugeleitet hat. Dabei spielt es keine Rolle, ob die Abrechnung auch inhaltlich in Ordnung ist. Fehler müssen gegebenenfalls zu einem späteren Zeitpunkt korrigiert werden. Bei einer Korrektur nach Ablauf der Abrechnungsfrist darf dem Mieter hierdurch aber kein Nachteil entstehen (BGH WuM 2005, 200; BGH WuM 2005, 61).

Endet die verspätet verschickte Abrechnung des Vermieters mit einem Guthaben für den Mieter, muss der Vermieter dieses auszahlen. Die Ausschlusswirkung gilt nur für Nachforderungen des Vermieters.

NICHT VERSCHULDETE VERSPÄTUNG

Wenn der Vermieter die verspätete Abrechnung nicht zu vertreten hat, kann er ausnahmsweise Nachforderungen geltend machen. Allerdings hat der Vermieter in der Regel jedes Verschulden, auch das seiner Angestellten oder das Verschulden der von ihm beauftragten Unternehmen, zu vertreten. Personalüberlastungen oder Nachlässigkeiten, zum Beispiel bei der Hausverwaltung, entlasten den Vermieter nicht. Er kann sich deshalb auch nicht auf Verspätungen oder Untätigkeiten Dritter berufen.

Entschuldigungsgründe

Die verspätete Vorlage der Abrechnung entschuldigen könnte aber zum Beispiel, dass bei einem Haus- oder Wohnungsbrand notwendige Unterlagen vernichtet worden sind oder dass ein Unfall bzw. eine langwierige und schwere Erkrankung die Bearbeitung der Betriebskosten innerhalb der Jahresfrist verhindert haben.

Steht noch ein Gebührenbescheid aus, zum Beispiel für die Grundsteuer oder für Müllabfuhr und Straßenreinigung, kann der Vermieter schon über alle anderen Betriebskosten abrechnen. Die noch offenen Positionen kann er dann später – auch nach mehr als zwölf Monaten – auf die Miete umlegen (BGH WuM 2013, 108). Die Verjährung der Forderung aus der Abrechnung beginnt erst, wenn der Vermieter den geänderten Grundsteuerbescheid kennt.

In diesen Fällen ist der Vermieter aber nicht zu Teilabrechnungen verpflichtet. So kann er mit der Abrechnung der Betriebskosten insgesamt auch warten, bis ihm alle Unterlagen vorliegen. Dann muss er die Abrechnung innerhalb von drei Monaten fertigstellen und versenden (BGH WuM 2006, 516). Diese Verspätung hat er nicht zu vertreten.

Verzögert sich die Zustellung etwa in der Vorweihnachtszeit, sodass die Abrechnung verspätet beim Mieter eintrifft, hat der Vermieter dies zu vertreten (BGH WuM 2008, 236).

KORREKTUR DER ABRECHNUNG

Hat der Vermieter zwar rechtzeitig, aber falsch abgerechnet, muss er den Fehler korrigieren und notfalls eine neue Abrechnung erstellen.

Wenn dann zwischenzeitlich die zwölfmonatige Abrechnungsfrist abgelaufen ist, kann der Vermieter keine formellen Fehler oder Mängel mehr ausbügeln. Allenfalls inhaltliche Fehler können noch korrigiert werden (zur Unterscheidung vgl. S. 98 f.). Achtung: Die Korrektur der Abrechnung darf den Mieter nicht schlechter stellen! Hat der Vermieter vergessen eine Rechnung einzustellen, darf er nach Ablauf der Abrechnungsfrist das Guthaben des Mieters nicht durch eine Nachforderung schmälern oder seinen eigenen Nachforderungsanspruch erhöhen (BGH WuM 2008, 150).

Beanstandet der Mieter einen falschen Verteilerschlüssel und führt die Korrektur dazu, dass dieser nun höhere anteilige Kosten tragen müsste, ist der Nachforderungsbetrag des Vermieters auf die ursprüngliche Forderung begrenzt.

Hat der Mieter ausnahmsweise für die strittige Abrechnungsperiode keine monatlichen Vorauszahlungen geleistet, sind Forderungen des Vermieters aus der verspäteten bzw. korrigierten Betriebskostenabrechnung auf die Summe der vereinbarten monatlichen Vorauszahlungsbeträge beschränkt (BGH WuM 2007, 700).

EINWENDUNGSFRIST DES MIETERS

Auch der Mieter hat im Betriebskostenrecht eine gesetzliche Zwölfmonatsfrist einzuhalten. Hat der Vermieter die Abrechnung vorgelegt, muss der Mieter eventuelle Einwendungen gegen die Abrechnung innerhalb eines Jahres vorbringen, danach kann er nicht mehr reklamieren.

Innerhalb der zwölf Monate muss der Mieter also geltend machen, dass zum Beispiel einzelne Kosten zu hoch angesetzt oder fehlerhaft berechnet sind oder Kosten, die laut Mietvertrag nicht umlegbar sind, berücksichtigt wurden (BGH WuM 2007, 694). Das gilt auch, wenn für bestimmte Betriebskosten laut Vertrag eine Pauschale vereinbart ist, der Vermieter hierüber aber abrechnet (BGH WuM 2011, 158; BGH WuM 2008, 283).

Die Einwendungsfrist des Mieters läuft ausnahmsweise nicht nach zwölf Monaten ab, wenn er die verspäteten Einwendungen „nicht zu vertreten" hat (§ 556 Absatz 3 Satz 6 BGB). Das kann der Fall sein, wenn er schwer erkrankt ist oder wenn der Vermieter ihm die Einsicht in die Abrechnungsunterlagen verwehrt.

Tipp

Rechnet der Vermieter Kosten ab, die keine Betriebskosten sind, also zum Beispiel Verwaltungskosten, kann der Mieter eventuell gezahlte Beträge auch noch nach Ablauf der Einwendungsfrist zurückfordern.

ABRECHNUNGSPFLICHT

Auch nach Ablauf der Abrechnungsfrist bleibt der Vermieter verpflichtet, über die Betriebskosten abzurechnen, soweit dies vereinbart ist bzw. soweit er monatliche Vorauszahlungen erhalten hat.

Keine Nachforderung bei Verspätung

Die Ausschlussfrist führt nur dazu, dass der Vermieter aus verspäteten Abrechnungen keine Nachforderungen mehr stellen kann, sie ändert aber nichts an seiner Verpflichtung abzurechnen.

Endet die Abrechnung mit einem Guthaben für den Mieter, muss das ausgezahlt werden.

Weigert sich der Vermieter abzurechnen, kann der Mieter die monatlichen Vorauszahlungsbeträge für die laufenden Betriebskosten einbehalten, bis die Abrechnung vorliegt (BGH WuM 2006, 383). Außerdem kann der Mieter die Abrechnung einklagen.

Mieterwechsel

Ist der Mieter zwischenzeitlich schon aus der Wohnung ausgezogen und rechnet der Vermieter nicht über die Betriebskosten ab, kann er alle im fraglichen Abrechnungszeitraum geleisteten monatlichen Vorauszahlungen zurückfordern (BGH WuM 2005, 337). Ausnahme: Der Mieter hat im laufenden Mietverhältnis jahrelang nichts unternommen, um seinen Abrechnungsanspruch durchzusetzen, und macht erst nach seinem Auszug Ansprüche geltend (BGH WuM 2012, 620).

Rechnet der Vermieter dann doch noch ab, kann er auf keinen Fall Nachforderungen über die ursprünglich gezahlten Vorauszahlungsbeträge hinaus fordern.

VERJÄHRUNG

Dreijährige Verjährungsfrist

Ansprüche aus vorgelegten Nebenkostenabrechnungen verjähren nach drei Jahren. Das gilt sowohl für Nachforderungen des Vermieters als auch für Forderungen des Mieters.

05

Die Verjährungsfrist beginnt immer erst am Ende des Jahres zu laufen, in dem die Abrechnung beim Mieter eintrifft. Hat der Mieter die Betriebskostenabrechnung im Laufe des Jahres 2013 erhalten, beginnt die Verjährungsfrist Ende 2013 und läuft bis zum 31. Dezember 2016.

Auch der Anspruch auf Vorlage einer Betriebskostenabrechnung verjährt nach drei Jahren. Hier beginnt die Verjährungsfrist zwölf Monate nach Ende des Abrechnungszeitraums zu laufen.

Der Abrechnungszeitraum läuft vom 1. Januar bis 31. Dezember 2013. Bis zum 31. Dezember 2014 müsste die Abrechnung beim Mieter sein. Zeitgleich beginnt die Verjährungsfrist zu laufen, bis zum 31. Dezember 2017, drei Jahre lang.

CHECKLISTE ZUR PRÜFUNG „KALTER" BETRIEBSKOSTEN

Bei der Prüfung der „kalten" Betriebskostenabrechnung hilft die folgende Checkliste. Sie gibt einen ersten Überblick, ob die Abrechnung Fehler aufweist oder an der einen oder anderen Stelle unplausibel ist und Nachfragen notwendig macht.

Checkliste - "kalte" Betriebskostenabrechnung	Ja	Nein
Hat der Vermieter die Abrechnungsfrist von 12 Monaten eingehalten (Achtung Ausschlussfrist)?	☐	☐
Ist im Mietvertrag vereinbart, dass Sie alle in der Abrechnung aufgeführten Betriebskosten tragen müssen?	☐	☐
Sind alle genannten Kosten tatsächlich Betriebskosten? Achtung bei "sonstigen Betriebskosten".	☐	☐
Beträgt der Abrechnungszeitraum ein Jahr?	☐	☐
Ist die Abrechnung nachvollziehbar und verständlich gestaltet?	☐	☐
Sind alle Rechenschritte korrekt?	☐	☐
Hat der Vermieter nicht umlagefähige Kosten abgezogen, z.B. Verwaltungs- und Reparaturkosten bzw. auch Anteile aus Hausmeisterkosten? Sind dann auch die Gesamtkosten angegeben?	☐	☐
Wurden die Kosten nach Ihrem Ein- oder Auszug korrekt aufgeteilt?	☐	☐
Sind die Verteilerschlüssel genannt und erläutert? Stimmen Flächenangaben bzw. Bewohnerzahl?	☐	☐
Stimmen die Verteilerschlüssel mit dem überein, was im Mietvertrag festgelegt ist?	☐	☐
Hat der Vermieter die Kosten für leerstehende Wohnungen selbst übernommen?	☐	☐
Darf der Vermieter nach dem Mietvertrag mehrere Häuser zusammen abrechnen (Wirtschaftseinheit)?	☐	☐
Ist berücksichtigt, dass gewerbliche Mieter erheblich höhere Nebenkosten verursachen?	☐	☐
Sind die Kosten realistisch? Ist der Grundsatz der Wirtschaftlichkeit beachtet worden?	☐	☐
Sind im Vergleich zur Vorjahresabrechnung ungewöhnliche Preissteigerungen erklärt?	☐	☐
Sind Ihre Vorauszahlungen korrekt berücksichtigt worden?	☐	☐
Achtung: Wenn Sie eine der oben genannten Fragen mit "Nein" beantwortet haben, ist Ihre Abrechnung höchstwahrscheinlich fehlerhaft. Lassen Sie die Abrechnung und die Belege von Ihrem Mieterverein überprüfen. Begleichen Sie nicht voreilig die vom Vermieter geforderte Nachzahlung.		

06

HEIZUNGS- UND WARMWASSERKOSTEN

Neben den „kalten" Betriebskosten gibt es die „warmen" Betriebskosten, das sind die Heizungs- und Warmwasserkosten.

Die Kosten für Heizung und Warmwasser machen den größten Teil der Betriebskosten aus. Bei diesen Kosten gibt es eine Besonderheit. In der Heizkostenverordnung ist festgeschrieben, dass Heizungs- und Warmwasserkosten verbrauchsabhängig abzurechnen sind.

Neben den 14 „kalten" Kostenarten beinhaltet die Betriebskostenverordnung noch drei weitere aus dem Bereich Heizung und Warmwasser.

ÜBERBLICK

Paragraph 2 Nr. 4 der Betriebskostenverordnung betrifft die Heizungsanlage, Paragraph 2 Nr. 5 die Warmwasserversorgung und Paragraph 2 Nr. 6 trifft Regelungen für den Fall, dass keine gemeinsame zentrale Anlage für Heizung und Warmwasser existiert.

Vorgaben der Heizkostenverordnung

Bedeutsamer als die Bestimmungen der Betriebskostenverordnung ist für den Mieteralltag jedoch die Heizkostenverordnung. Hierin wird nämlich geregelt, wie die Kosten für Heizung und Warmwasser auf die Mieter des Hauses bzw. die Eigentümer einer Wohnanlage zu verteilen sind.

In der Heizkostenverordnung ist festgeschrieben, dass die „warmen" Betriebskosten verbrauchsabhängig abzurechnen sind.

Mit Heiz- und Warmwasserkosten sind in erster Linie die Kosten für die Zentralheizung bzw. die zentrale Warmwasserversorgungsanlage gemeint.

Abrechnen darf der Vermieter aber auch Kosten der eigenständig gewerblichen Lieferung von Wärme bzw. Warmwasser, hierunter fallen Fernwärmelieferungen, vor allem aber das sogenannte Contracting.

Seltener fallen Kosten für den Betrieb einer zentralen Brennstoffversorgungsanlage an. Hierbei handelt es sich um Anlagen, aus denen flüssige oder gasförmige Brennstoffe zur Heizungsanlage oder zu den Einzelöfen befördert werden.

Von den rund 41,3 Millionen Wohnungen in Deutschland haben 2,5 Millionen Wohnungen Einzel- oder Mehrraumöfen, etwa 4 Millionen Wohnungen haben eine Etagenheizung. Auch hier fallen Heizkosten an, die im Zweifel die Nutzer der Wohnungen tragen. Probleme bei der Verteilung der Brennstoffkosten gibt es nicht. Die Nutzer der Wohnungen kaufen die Brennstoffe in aller Regel auf eigene Kosten und eigenständig ein bzw. schließen entsprechende Lieferverträge mit Versorgungsunternehmen ab.

Etagenheizungen

Unter Betriebskosten – also Kosten, die dem Vermieter und Eigentümer ursprünglich entstehen und die er dann gegebenenfalls auf die Mieter umlegt – sind dann vor allem Wartungs- und Reinigungskosten sowie Kosten für Messungen nach dem Bundesimmissionsschutzgesetz anzusetzen.

Voraussetzung, dass diese Betriebskosten umgelegt werden können, ist eine entsprechende Vereinbarung im Mietvertrag. Nur dann sind die tatsächlich auch entstandenen Kosten etwa für die Beseitigung von Wasserablagerungen und Verbrennungsrückständen in den Anlagen, die Kosten der regelmäßigen Prüfung von Betriebsbereitschaft und -sicherheit und damit zusammenhängende Einstellungen durch eine Fachkraft sowie die Kosten der Messungen nach dem Bundesimmissionsschutzgesetz abzurechnen.

Regelung zur Thermenwartung

Viele Mietverträge enthalten – unabhängig von den Betriebskosten – ausdrücklich eine Klausel zur „Thermenwartung". Nach dieser Vertragsklausel verpflichten sich Mieter, einmal im Jahr die Wartungskosten für die Therme zu zahlen. Eine solche Klausel ist wirksam, auch wenn sie keine Obergrenze für die zu zahlenden Kosten nennt (BGH WuM 2013, 31). Unzulässig ist es jedoch, wenn im Mietvertrag zusätzlich verlangt wird, dass der Mieter selbst den Wartungsvertrag mit einem Unternehmen abschließt oder selbst den Auftrag zur Wartung erteilen muss.

Ist eine Vertragsregelung zur Thermenwartung wirksam vereinbart, müssen die Mieter die Kosten unabhängig von der Betriebskostenumlage zahlen, aber natürlich nicht doppelt.

Warmwassergeräte

Ähnlich wie bei Etagenheizungen ist die Rechtslage auch bei Warmwassergeräten. Für die entsprechenden Einzelgeräte, Thermen, Boiler oder Durchlauferhitzer, können die Kosten der Reinigung und Wartung als Betriebskosten im Mietvertrag vereinbart werden. Über eine separate Vertragsklausel können Mieter verpflichtet werden, die Wartungskosten unabhängig von der Betriebskostenumlage zu zahlen. Eine Obergrenze für zu leistende Wartungskosten ist nicht erforderlich (BGH WuM 2013, 31).

Instandhaltungs- und Verwaltungskosten sind keine Betriebskostenarten. Das gilt auch für die Heiz- und Warmwasserkosten. Kosten für die Erstellung der verbrauchsabhängigen Heizkostenabrechnung allerdings sind tatsächlich Verwaltungskosten, rechtlich werden sie jedoch über die Betriebskosten- und Heizkostenverordnung für umlagefähig erklärt.

Heiz- und Warmwasserkosten für gewerbliche Mieter sind von denen für Wohnraummieter zumindest dann zu trennen, wenn die Gewerberäume zu einer ins Gewicht fallenden Mehrbelastung für die Wohnungsmieter führen (BGH WuM 2006, 200). Als unerheblich soll eine Mehrbelastung von bis zu zehn Prozent anzusehen sein. Bei erheblichen Mehrbelastungen sind die Kosten getrennt abzurechnen. Hierzu müssen Vorerfassungen nach Nutzergruppen erfolgen. Der Verbrauch der Nutzergruppe „Gewerbe" muss dann mit Hilfe von Wärmezählern erfasst und eigenständig abgerechnet, das heißt nur auf die Gewerbebetriebe verteilt werden.

HEIZKOSTEN

Gemäß Paragraph 2 Nr. 4a der Betriebskostenverordnung bzw. gemäß Paragraph 7 Absatz 2 der Heizkostenverordnung gehören zu den Heizkosten: die Kosten

- der verbrauchten Brennstoffe und ihrer Lieferung,
- des Betriebsstroms,
- der Bedienung, Überwachung und Pflege der Anlage,
- der regelmäßigen Prüfung der Betriebsbereitschaft und -sicherheit der Anlage, einschließlich der Einstellung durch eine Fachkraft,
- der Reinigung der Anlage und des Betriebsraumes,
- der Messungen nach dem Bundesimmissionsschutzgesetz,
- der Anmietung oder anderer Arten der Gebrauchsüberlassung einer Ausstattung zur Verbrauchserfassung sowie
- der Verwendung einer Ausstattung zur Verbrauchserfassung, einschließlich der Kosten der Eichung sowie der Kosten der Berechnung und Aufteilung und Verbrauchsanalyse.

Seit 2009 schreibt die Heizkostenverordnung vor, dass Vermieter eine Verbrauchsanalyse mitliefern sollen.

Die Kosten für Brennstoffe und die sogenannten Heizungsnebenkosten haben im Jahr 2011 durchschnittlich 0,99 Euro pro Quadratmeter und Monat laut Betriebskostenspiegel des Deutschen Mieterbundes ausgemacht. Bis Ende 2013 sind die Kosten für Gas um rund 7 Prozent, für Heizöl um etwa 3 Prozent und für Fernwärme um fast 13 Prozent gestiegen.

BRENNSTOFFKOSTEN

Hierunter fallen die Kosten, die dem Vermieter durch den Kauf von Öl, Gas, Kohle oder durch feste Brennstoffe, wie zum

Vorsicht

Bei den Brennstoffkosten dürfen nur die im Abrechnungszeitraum verbrauchten Brennstoffe abgerechnet werden. Deshalb müssen beim Heizöl ein Anfangs- und ein Endbestand ermittelt werden. Beim Gas ist der am Hauptzähler abgelesene Wert am Ende des Abrechnungszeitraums entscheidend.

Beispiel Holzpellets, entstehen. In die Heizkostenabrechnung dürfen nur die tatsächlich entstandenen Kosten eingestellt werden. Mengenrabatte, Skonti oder eventuell ausgehandelte Preisnachlässe sind zu berücksichtigen.

Abrechnungen nach dem sogenannten Abflussprinzip (vgl. S. 104), bei dem der Vermieter zum Beispiel seine Abschlagszahlungen an das Versorgungsunternehmen als „Brennstoffkosten" ansetzt, sind unzulässig. Die so ermittelten Kosten können nicht Grundlage einer verbrauchsabhängigen Heizkostenabrechnung sein (BGH WuM 2012, 143).

Werden mehrere Gebäude von einer gemeinsamen Heizungsanlage versorgt, können sie als Abrechnungseinheit zusammen abgerechnet werden (BGH WuM 2011, 684).

BETRIEBSSTROM

Zwischenzähler oder Schätzung

Stromkosten für die Umwälzpumpe, die Ölpumpe im Brenner und für die Regelungsanlage sind grundsätzlich durch einen eigenen Zwischenzähler zu erfassen. Ist kein Stromzähler vorhanden, muss der Verbrauch sachgerecht geschätzt oder ermittelt werden. Hierzu werden die Anschlusswerte der elektrischen Geräte mit der Zahl der Heiztage, mit 24 Stunden pro Tag und dem Strompreis multipliziert. Die Kosten für den Betriebsstrom sollten höchstens acht Prozent der Brennstoffkosten ausmachen.

Hohe Betriebsstromkosten können darauf hindeuten, dass Strom für die Hausbeleuchtung oder den Aufzug hier mit abgerechnet werden. Das ist unzulässig.

BEDIENUNGS- UND ÜBERWACHUNGSKOSTEN

Öl- und Gaszentralheizungen arbeiten voll automatisch. Bedienungskosten fallen nicht an. Sie sind allenfalls bei Kohle- oder Pelletheizungen vorstellbar. Wird der Hauswart hier eingeschaltet, fallen ebenfalls keine Bedienungskosten an. Die Kosten werden unter „Hauswart" abgerechnet. Hat der Vermieter mit der eigenen Abteilung „Technik" eine Bedienungspauschale ausgehandelt, darf er diese nicht auf die Mieter verteilen.

WARTUNGSKOSTEN

Wenn die Heizungsanlage von einem Fachmann gewartet wird, sind diese Kosten als Heizungsnebenkosten auf den Mieter umlagefähig. Zu Wartungsarbeiten gehören die in regelmäßigen Abständen vorgenommene Überprüfung, Reinigung und Einstellung der Anlage, zum Beispiel Zerlegung, Reinigung und Wiedereinbau des Ölbrenners sowie das Entlüften und Nachfüllen des Wassers.

Überprüfung, Reinigung, Einstellung

Hiervon abzugrenzen sind Instandsetzungsarbeiten: Solche Reparaturarbeiten sind nie als Betriebskosten umlegbar, auch nicht im Rahmen von Wartungsarbeiten bei der Heizungsanlage. Fallen Wartungs- und Reparaturarbeiten zusammen, wird zum Beispiel ein defekter Brenner ausgetauscht, müssen die Kosten hierfür von den Wartungskosten abgezogen werden. Sind die Reparaturkostenanteile nicht exakt zu ermitteln, müssen sie geschätzt werden.

Ähnlich wie bei der Betriebskostenart „Aufzug" (vgl. S. 50 f.) werden auch bei Heizungsanlagen oft sogenannte Vollwartungsverträge abgeschlossen. Hier sind im Leistungskatalog der Wartungsunternehmen zumindest kleinere Reparaturarbeiten mit eingeschlossen. Diese Kostenanteile muss der Vermieter herausrechnen, wenn er Wartungskosten umlegen will.

Tipp

Wartungskosten sind relativ preisstabil. Bei einer Preissteigerung gegenüber dem Vorjahr spricht viel dafür, dass Reparaturarbeiten eingerechnet wurden. Ursache könnte aber auch ein Wechsel der Wartungsfirma sein. Lassen sich Preiserhöhungen hierauf zurückführen, stellt sich die Frage der Wirtschaftlichkeit.

REINIGUNG DER ANLAGE UND DES BETRIEBSRAUMES

Reinigungskosten fielen früher für Koksheizungen an. Bei den modernen Öl- und Gasheizungen sind derartige Arbeiten nicht notwendig bzw. werden „mit erledigt" und zum Beispiel über den Hauswart oder die Hausreinigungskosten abgerechnet.

Kosten einer regelmäßigen Öltankreinigung könnten jedoch als wiederkehrende Kosten, die der Betriebssicherheit dienen, umgelegt werden. Der Vermieter muss diese Kosten, die nicht jährlich, sondern in großen Zeitabständen anfallen, auch nicht anteilig auf mehrere Jahre aufteilen. Er kann die relativ niedrigen Kosten – hier 103,50 Euro – in dem Abrechnungszeitraum voll abrechnen, in dem sie entstanden sind (BGH WuM 2010, 33). Anders, wenn die Kosten besonders hoch wären und Mieter mit der einmaligen Umlage in „unbilliger" Art und Weise belastet würden. Dient die Öltankreinigung nur einer notwendigen Neubeschichtung des Öltanks – unstreitig Instandhaltungsarbeiten – dürfte ebenfalls eine andere rechtliche Bewertung zulässig sein.

MESSUNGEN NACH DEM BUNDES-IMMISSIONSSCHUTZGESETZ

Kehrgebühren umlagefähig

Kosten des Schornsteinfegers für die gesetzlich vorgeschriebenen Immissionsschutzmessungen, das heißt Abgasmessungen, dürfen über die Heizkostenabrechnung umgelegt werden. Auch die „klassischen" Schornsteinfegerkosten, das heißt die Kehrgebühren, dürfen über die Heizungskosten abgerechnet werden. Sie können dann natürlich nicht noch einmal bei den „kalten" Betriebskosten (vgl. Schornsteinfegerkosten S. 64 f.) eingestellt werden.

ANMIETUNG ODER VERWENDUNG VON VERBRAUCHSERFASSUNGSSYSTEMEN

Hierunter fallen die Kosten des vom Vermieter beauftragten Wärmemessdienstunternehmens, das die Erfassungssysteme in den Wohnungen abliest und die verbrauchsabhängige Heizkostenabrechnung erstellt.

Informationspflicht des Vermieters

Der Vermieter muss die Erfassungsgeräte nicht kaufen, er kann sie auch mieten oder leasen. Werden die Vorgaben der Heizkostenabrechnung eingehalten, kann der Vermieter die Kosten hierfür bei der Heizkostenabrechnung berücksichtigen. Die Mieter müssen schriftlich über die Absichten des Vermieters informiert und über die entstehenden, vergleichsweise höheren Kosten unterrichtet werden. Ohne ausreichende Information darf der Vermieter später keine Mietkosten für die Erfassungsgeräte abrechnen. Auch wenn mehr als die Hälfte der Mieter im Haus den Mietabsichten widerspricht, darf der Vermieter die Mietkosten nicht umlegen.

Anstatt zu mieten oder zu leasen, muss der Vermieter das Erfassungssystem dann kaufen. Die Kosten (11 Prozent) können unter Umständen als Modernisierungskosten auf die Jahresmiete aufgeschlagen werden.

Ersatzbeschaffung muss Vermieter tragen

Sind allerdings im Haus bereits Heizkostenverteiler installiert und will der Vermieter neue und modernere Geräte kaufen, ist dies in der Regel keine Modernisierung, sondern eine Ersatzbeschaffung. Die Kosten muss der Vermieter selbst tragen. Anders nur, wenn der Vermieter die Heizungsanlage vollständig modernisiert hat und aus technischen Gründen ein neues Erfassungssystem notwendig wird. Die bisher eingesetzten Geräte, zum Beispiel Heizkostenverteiler, dürfen gegen funkbasierte Ablesesysteme ausgetauscht werden. Mieter müssen den Einbau dulden (BGH WuM 2011, 625).

Die Kosten für die Wärmemessdienstfirma setzen sich aus den Positionen für die Erstellung der Abrechnung und für das Ablesen bzw. Erfassen der ermittelten Verbräuche in den Wohnungen zusammen.

Vorsicht

Unzulässig ist es dagegen, Instandhaltungskosten für die Erfassungssysteme einzukalkulieren. Im Zweifel muss der Mieter den Vertrag zwischen Vermieter und Wärmemessdienstunternehmen daraufhin prüfen.

Eventuell anfallende Kosten für die Eichung von Warmwasser- oder Wärmezählern – alle fünf Jahre – dürfen umgelegt werden. Wie bei den Wasseruhren (vgl. S. 45) erfolgt die Nacheichung durch den Austausch der bisherigen Geräte gegen einen neuen Wärmezähler. Die Kosten sind eigentlich auf den Fünfjahreszeitraum gleichmäßig zu verteilen. Der BGH (WuM 2010, 33) hat aber bei Kosten der Öltankreinigung betont, „relativ niedrige" Kosten müssten nicht zeitanteilig verteilt werden, sie könnten in einem Abrechnungszeitraum angesetzt werden. Vielfach tauchen die Eichkosten auf den Jahresabrechnungen unter „Geräteservice" oder „Garantiewartung" auf. Das ist grundsätzlich zulässig.

Auch Wartungsverträge für Heizungsverteiler oder Kosten einer „Systempflege" sind unzulässig und dürfen nicht abgerechnet werden. Eine Wartung ist nicht erforderlich, entsprechende Verträge können wegen arglistiger Täuschung angefochten werden, so das AG Osnabrück (MietRb 2014, 52).

VERBRAUCHSANALYSE

Seit 2009 soll der Vermieter eine Verbrauchsanalyse liefern: Das heißt, er soll die Entwicklung der Heiz- und Warmwasserkosten der letzten drei Jahre darstellen, um Mieter zu einem bewussteren und sparsameren Umgang mit Energie zu motivieren. Die Kosten für eine derartige Analyse sind umlegbar.

06

In der Heizkostenabrechnung müssen die Brennstoff- und die Heizungsnebenkosten mit den jeweiligen Rechnungseinzelbeträgen getrennt aufgeführt werden.

Nicht umlagefähige Heizkosten sind:

- Leasingkosten für Brenner, Öltank oder die Verbindungsleitungen,
- Mietkosten für einen Flüssiggastank,
- Heizungsbetreuungskosten,
- Öltankversicherung (vgl. aber S. 66),
- Inkasso, Formblattberatung durch Messdienstfirma.

WARMWASSERKOSTEN

Zu den Kosten des Betriebs der zentralen Warmwasserversorgungsanlage gehören die Kosten der Wasserversorgung, soweit sie dort nicht bereits berücksichtigt sind, und die Kosten für die Erwärmung des Wassers.

Zu diesen Kosten gehören auch die Kosten für die Prüfung der Betriebssicherheit einer Warmwasserversorgungsanlage. Nach der Trinkwasserverordnung wird Eigentümern verbindlich vorgeschrieben, Wasserversorgungsanlagen alle drei Jahre auf den Befall mit Legionellen untersuchen zu lassen, erstmals bis zum 31. Dezember 2013. Betroffen sind Anlagen mit mehr als 400 Litern Inhalt oder Warmwasserleitungen mit mehr als 3 Litern Inhalt zwischen dem Trinkwassererwärmer und der Entnahmestelle. Durch die Untersuchungen auf Legionellenbefall soll ausgeschlossen werden, dass von der Warmwasseranlage Gesundheitsgefahren ausgehen. Die Überprüfung dient also der Betriebssicherheit, und damit gehören die Kosten zu der Betriebskostenposition „Warmwasser". Die Kosten belaufen sich auf etwa 150 bis 250 Euro pro Haus.

0,25 Euro mussten Mieter 2011 durchschnittlich für Warmwasser pro Quadratmeter und Monat nach den Daten des Betriebskostenspiegels des Deutschen Mieterbundes zahlen.

Verbrauchsabhängige Abrechnung ist Pflicht

Wie bei den Heizkosten ist auch beim Warmwasser eine verbrauchsabhängige Abrechnung durchzuführen. Die Vorgaben hierzu sind in der Heizkostenverordnung festgelegt. Im Regelfall werden die Kosten für Heizung und Warmwasser in einer Abrechnung auf die Mieter verteilt.

Zu den umlagefähigen Warmwasserkosten gehören zum einen die Wasserkosten selbst. Meistens werden die Kaltwasserkosten jedoch nicht über die Heiz- und Warmwasserkostenabrechnung verteilt, sondern über die „kalte" Betriebskostenabrechnung (vgl. S. 41 f.).

Die Kosten der Wassererwärmung sind dagegen typische Warmwasserkosten. Hinzu kommen noch die Kosten für Wasserzähler, das heißt Grundgebühren und möglicherweise Zählermiete, die Kosten der Verwendung von Zwischenzählern, einschließlich der Eichkosten, und – soweit vorhanden – die Kosten für den Betrieb einer hauseigenen Wasserversorgungsanlage und einer Wasseraufbereitungsanlage.

Zwischenzähler vorgeschrieben

Grundsätzlich müssen in allen Wohnungen Zwischenzähler installiert sein, damit die Warmwasserkosten verbrauchsabhängig abgerechnet werden können. Ausnahmen gelten, wenn der Einbau der Zähler aus technischen Gründen nicht möglich ist. Sind sogenannte Warmwasserkostenverteiler vorhanden, mussten diese bis spätestens zum 31. Dezember 2013 gegen Wasserzähler ausgetauscht werden.

Wird in den abzurechnenden Gebäuden das Warmwasser zusammen mit dem Wasser für die Heizung erwärmt, muss für die verbrauchsabhängige Abrechnung zwischen den Kosten für die Heizung und den Kosten für das Warmwasser getrennt werden.

Seit 2009 muss nach der Heizkostenverordnung mit Hilfe von Wärmezählern ermittelt werden, welcher Anteil der Energie jeweils für Heizung und Warmwasseraufbereitung benötigt wurde.

Berechnungsformel

Für einen nachträglichen Einbau von Wärmezählern galt eine Übergangsfrist bis zum 31. Dezember 2013. Für Abrechnungszeiträume ab 2014 schreibt die Heizkostenverordnung vor, dass der auf das Warmwasser entfallende Wärmeanteil durch einen Wärmezähler zu messen ist. Geschieht dies nicht, können Mieter den für sie abgerechneten Kostenanteil um 15 Prozent kürzen.

Allerdings gibt es nach der Heizkostenverordnung Ausnahmen: Auf den Einsatz eines Wärmezählers kann verzichtet werden, wenn die Anbringung oder der laufend entstehende Aufwand zu hohe Kosten verursachen würde. Gemeint sind Fälle, in denen zur Installation umfangreiche bauliche Maßnahmen erforderlich wären oder die Messung selbst nur mit hohem Aufwand möglich wäre.

Mussten ausnahmsweise keine Wärmezähler eingebaut werden, kann der Energieanteil für die Warmwasseraufbereitung auch errechnet werden.

Damit die Formel zugrunde gelegt werden kann, muss das Volumen des verbrauchten Warmwassers gemessen worden sein. Ist das nicht der Fall, sieht die Heizkostenverordnung die Möglichkeit einer pauschalen Ermittlung vor. Auch hierfür gibt es eine mehr oder weniger komplizierte, gegebenenfalls in der

Abrechnung anzugebende Gleichung. Einfach ausgedrückt: Wohnfläche mal 32 gleich Wärmemenge in Kilowattstunden.

Diese Berechnungsweise, die mit auf die Wohnfläche abstellt, ersetzt den früher häufig angewendeten Pauschalwert, bei dem für die Erwärmung des Warmwassers einfach 18 Prozent der gesamten Heizkosten angesetzt wurden.

Tragen regenerative Energien, zum Beispiel eine Solaranlage, zur Erwärmung der Heizung oder des Warmwassers bei, bleibt dieser Anteil bei der Kostenverteilung unberücksichtigt. Der Vermieter darf keinesfalls einen fiktiven Preis für eingesparte Heizkosten ansetzen.

Nur tatsächlich entstehende Kosten dürfen als Betriebskosten umgelegt werden. Danach sind also allein die laufenden Kosten für die Wartung und Überprüfung der Anlage Betriebskosten.

WÄRMELIEFERUNG: FERNWÄRME

In den meisten Fällen erfolgt die Wärmeversorgung durch eine zentrale Heizungsanlage des Vermieters. Abgerechnet und auf die Mieter des Hauses verteilt werden die Brennstoff- und Heizungsnebenkosten (siehe oben).

Wärmepreis statt Heizkosten

Denkbar ist es aber auch, dass die Wärmeversorgung über Fernwärme erfolgt. Anstelle der bisherigen Heizkosten tritt dann ein Wärmepreis. Dieser setzt sich aus Grund-, Arbeits- und Verrechnungspreis zusammen. Enthalten sind hier auch Unternehmergewinne, Arbeitslohn, Reparatur- sowie Modernisierungskosten usw.

Schließt der Vermieter einen Wärmelieferungsvertrag mit einem regionalen oder überregionalen Fernwärmeversorger ab, ist das ein Kaufvertrag. Dabei bleibt der Vermieter weiter für die Heizungsanlage verantwortlich. Er muss verbrauchsabhängig nach der Heizkostenverordnung abrechnen. Bei den Brennstoffkosten setzt er den kalkulierten Fernwärmepreis des Unternehmens an. Heizungsnebenkosten fallen mit Ausnahme von möglichen Betriebsstromkosten nicht an.

Im Zuge der Überprüfung der Heizkostenabrechnung kann der Mieter vom Vermieter verlangen, den Wärmelieferungsvertrag zwischen diesem und dem Lieferanten und vor allem die darin enthaltenen Preisberechnungs- und Preisänderungsformeln kennenzulernen, um prüfen zu können, ob Wärmepreisberechnungen in Ordnung sind (BGH WuM 2012, 276).

Mietvertrag muss Umstellung vorsehen

Im laufenden Mietverhältnis ist eine Umstellung von Zentralheizung auf Wärmelieferung und Fernwärme möglich, wenn dies im Mietvertrag vorgesehen ist – dazu reicht ein Verweis auf die Betriebskostenverordnung bzw. in der Regel auf die II. Berechnungsverordnung aus (BGH WuM 2007, 571). Allerdings handelt es sich nur dann um eine Fernwärmelieferung, wenn der Energieversorger oder -dienstleister hohe Investitionen vorzunehmen hat, um seine Verpflichtungen aus dem Wärmelieferungsvertrag erfüllen zu können. Daran fehlt es, wenn er sich nur verpflichtet, eine bereits vorhandene, im Eigentum des Vermieters stehende, funktionstüchtige Heizungsanlage für einen symbolischen Preis anzupachten, zu warten und zu betreiben (BGH MDR 2012, 135). Im Gegensatz zu diesen sogenannten Betriebsführungsmodellen setzt der Fernwärmebegriff letztlich hohe Investitionen des Versorgers voraus. So beispielsweise, wenn er vor Beginn der Versorgung die Wärmeproduktionsanlage auf eigene Kosten erstelle und/ oder ein für die Wärmeversorgung erforderliches Leitungsnetz ausbaut.

Aber auch, wenn alle Mieter der Umstellung zustimmen bzw. wenn die Gemeinde die Fernwärmeversorgung zwingend vorschreibt, kann die Umstellung erfolgen.

Seit Mitte 2013 ist im Bürgerlichen Gesetzbuch (BGB) geregelt, wann und unter welchen Voraussetzungen Vermieter von der Zentralheizung oder von Einzelöfen auf gewerbliche Wärmelieferung umstellen dürfen. Für Mieter besonders wichtig: Die Kosten der Wärmelieferung dürfen die bisherigen Betriebskosten für Heizung und Warmwasser nicht übersteigen.

Denkbar ist zudem, dass Mieter parallel zum Abschluss des Mietvertrages einen Wärmelieferungsvertrag mit dem Fernwärmeversorger schließen. Dann ist der Versorger für die verbrauchsabhängige Abrechnung verantwortlich. Mieter haben nur bei offensichtlichen Fehlern das Recht, die Zahlung zu verweigern. Im Regelfall muss zuerst gezahlt und dann gegebenenfalls vor Gericht um Korrekturen gestritten werden.

WÄRMELIEFERUNG: CONTRACTING

Vertrag zwischen Vermieter und Contractor

Wärmelieferung bedeutet nicht zwingend Fernwärme. Jeder Unternehmer kann Wärme liefern und unter dem Schlagwort „Contracting" einen Wärmepreis abrechnen. Voraussetzung ist, dass der Vermieter einen Vertrag mit dem Unternehmer, dem „Contractor", über die Versorgung des Hauses oder des Gebäudekomplexes mit Wärme abschließt. Wo und wie die Wärme erzeugt wird, spielt keine Rolle. Denkbar ist sogar, dass der Vermieter seine Zentralheizung an den Unternehmer, den Contractor, verpachtet und dieser dann die Wärme wieder zurückliefert.

Dass bei einer derartigen Vertragskonstruktion die Wärmelieferung deutlich teurer wird als wenn der Vermieter die Heizungsanlage selbst betreibt, liegt auf der Hand, zumal auch der Wärmelieferungsvertrag mit dem Contractor ein Kaufvertrag ist. Der vereinbarte Kaufpreis muss bezahlt werden, und in dem kalkulierten Wärmepreis sind unter anderem enthalten: Kapitalkosten, Gewinne, Abschreibungen, Reparaturen usw.

Für das Contracting gab es bis Mitte 2013 keine gesetzlichen Vorgaben oder Regelungen. Dadurch wurde eine eigentlich gute Idee in der Praxis häufig ad absurdum geführt.

Modernisierte Heizungsanlagen

Die Grundidee ist nämlich, dass ein Contractor in die alte Heizungsanlage investiert, sie modernisiert oder komplett neu erstellt. Über Vertragslaufzeiten von beispielsweise zehn bis 15 Jahren kann er seine Investitionskosten in die Heizungsanlage über den Wärmepreis wieder hereinholen. Der Vermieter muss sich nicht mehr um die Heizungsanlage kümmern, muss keine Investitionen in eine neue Heizung finanzieren. Mieter profitieren, weil sich durch die modernisierte Heizungsanlage viel Energie einsparen lässt. Der höhere Wärmepreis wird durch den niedrigeren Energiebedarf kompensiert.

Doch so funktioniert „Contracting" meistens leider nur auf dem Papier. Undurchsichtige Preisgestaltungen, vor allem aber geringe Investitionen in eine effizientere Heizungstechnik bzw. sogar Weiterführung der Alt-Heizungsanlage machen Contracting oft zu einer preistreibenden Angelegenheit und führen zu überhöhten Heizkosten.

Auch beim Contracting werden die Heizkosten über die verbrauchsabhängige Heizkostenabrechnung auf die Mieter verteilt. An Stelle der Heizkosten tritt der kalkulierte Wärmepreis.

Bisher galt:

§

In bestehenden Mietverhältnissen konnte der Vermieter nur auf Contracting umstellen bzw. nur den Contractingwärmepreis abrechnen, wenn das im Mietvertrag vereinbart war (BGH WuM 2006, 256; BGH WuM 2005, 446; BGH WuM 2005, 387) oder wenn alle Mieter einer Vertragsänderung oder -ergänzung zustimmen. Eine Vereinbarung im Mietvertrag zur Umlage von Fernwärme sollte dabei nicht ausreichen (BGH WuM 2007, 445).

Enthielt der Mietvertrag allerdings einen Verweis auf die „Anlage 3 zu Paragraph 27 der II. Berechnungsverordnung", war nach Ansicht des Bundesgerichtshofs die Möglichkeit der späteren Umlegung eines Wärmepreises mit vereinbart (BGH WuM 2208, 350; BGH WuM 2007, 571). Eine Ausnahme bestand für Mietverhältnisse, die vor dem 1. März 1989 abgeschlossen wurden bzw. auf eine entsprechend alte II. Berechnungsverordnung Bezug nahmen. Bis März 1989 war hier nur von Fernwärme die Rede, sodass ein Verweis auf diese Verordnung nicht reichte. Für eine spätere Umlage des Contractingwärmepreises war es dagegen ausreichend, wenn bei Abschluss des Mietvertrags auf die seit 2004 geltende Betriebskostenverordnung Bezug genommen wurde.

Wirtschaftlichkeitsgebot

Beim Neuabschluss von Mietverträgen kann die Möglichkeit von Wärmelieferungen oder Contracting von vornherein vorgesehen werden. Zumindest wenn nach Abschluss des Mietvertrags dann auf Contracting umgestellt wird, ist der Grundsatz der Wirtschaftlichkeit zu beachten. Danach müsste der Vermieter bei seiner Entscheidung für das Contracting auf ein angemessenes Kosten-Nutzen-Verhältnis achten. Allerdings soll nach einer Entscheidung des Bundesgerichtshofs (BGH WuM 2008, 29) das Wirtschaftlichkeitsgebot nicht gelten, wenn der Contractingvertrag zwischen Vermieter und Contractor zeitlich vor Abschluss des Mietvertrages zustande gekommen ist.

Bis Mitte 2013 also waren Fragen und Probleme im Zusammenhang mit Contracting bzw. gewerblicher Wärmelieferung nicht gesetzlich geregelt. Das ist jetzt anders. Seit dem 1.7.2013 existiert im Bürgerlichen Gesetzbuch, Paragraf 556c BGB, eine Vorschrift „Kosten der Wärmelieferung", in der Fragen der Umstellung auf Contracting bzw. Wärmelieferung geregelt sind. Und es gibt eine darauf fußende Wärmelieferverordnung.

Nach diesen gesetzlichen Vorschriften müssen Mieter nach einer Umstellung auf Wärmelieferung die Kosten tragen, wenn:

- die Wärme mit verbesserter Effizienz entweder aus einer vom Wärmelieferanten errichteten neuen Anlage oder aus einem Wärmenetz geliefert wird und
- die Kosten der Wärmelieferung die bisherigen Betriebskosten für Heizung und Warmwasser nicht übersteigen.

Letztlich ist dies eine Regelung für das sogenannte Anlagen-Contracting. Betriebsführungs-Contracting ist denkbar, wenn – so die gesetzliche Regelung – der Jahresnutzungsgrad der bestehenden Anlage vor der Umstellung mindestens 80 Prozent betrug.

Will der Vermieter auf Wärmelieferung umstellen, muss er dies den Mietern spätestens drei Monate zuvor in Textform ankündigen. Regelungen zum Nachteil des Mieters sind unwirksam.

Positiv ist aus Sicht des Deutschen Mieterbundes, dass „Warmmietenneutralität" vorgeschrieben ist. Negativ ist dagegen, dass die Regelung nur Mieter in bestehenden Mietverhältnissen schützen will, nicht aber Mieter, die ein neues Mietverhältnis eingehen.

07 ERFASSUNGSSYSTEME: WÄRMEZÄHLER UND HEIZKOSTENVERTEILER

Um die Kosten für Heizung und Warmwasser verbrauchsabhängig abrechnen zu können, werden Erfassungssysteme benötigt. In aller Regel sind deshalb alle Heizkörper in der Wohnung und im Haus mit sogenannten Heizkostenverteilern ausgerüstet. Mit Hilfe der elektronischen oder nach dem Verdunstungsprinzip arbeitenden Heizkostenverteiler werden die angefallenen Heizkosten auf die einzelnen Mietparteien verteilt. Die Thermostatventile, die ebenfalls an allen Heizkörpern eingebaut sein müssen, helfen dagegen Mietern und Verbrauchern, ihren Energieverbrauch vernünftig zu steuern.

Nach der Heizkostenverordnung ist der Vermieter verpflichtet, eine verbrauchsabhängige Abrechnung zu erstellen. Dazu müssen in den Wohnungen bzw. in den einzelnen Räumen Erfassungssysteme installiert werden, mit deren Hilfe der Verbrauch der Mieter oder Wohnungseigentümer ermittelt werden kann. Als Erfassungssysteme kommen Wärmezähler und Heizkostenverteiler zum Einsatz, Letztere entweder als elektronische oder nach dem Verdunstungsprinzip arbeitende Geräte.

WÄRMEZÄHLER

Eichpflichtige Geräte

Wärmezähler messen den Verbrauch in der Wohnung, sind eichpflichtig, teuer und deshalb selten. Sie messen die durch die Heizungsanlage geflossene Wassermenge und die Temperaturabnahme, das heißt die Temperatur des Heizwassers bei Wohnungseintritt und -austritt. Mit diesen Angaben wird die Wärmeabgabe in Kilowattstunden berechnet. Wärmezähler sind eichpflichtige Geräte und müssen alle fünf Jahre nachgeeicht werden. Wie bei Wasseruhren und Warmwasserzählern bedeutet Nacheichen, dass der alte Wärmezähler durch einen neuen ersetzt wird.

Wärmezähler müssen zum Beispiel bei Fußbodenheizungen eingesetzt werden. Bei anderen Heizungen sind Wärmezähler, soweit ihr Einsatz überhaupt technisch möglich ist, selten. Wegen der hohen Kosten stellt sich hier dann insbesondere auch die Frage der Wirtschaftlichkeit dieser Messinstrumente.

HEIZKOSTENVERTEILER

Heizkostenverteiler werden direkt am Heizkörper montiert, in etwa 75 Prozent der Bauhöhe der Heizkörper. Heizkostenverteiler messen nicht die verbrauchte Wärmemenge, sie zeigen lediglich einen Verhältniswert an.

Anzeige von Verhältniswerten

Das Prinzip Heizkostenverteiler (Hilfs-Mess-Verfahren) funktioniert wie folgt: Nach der jährlichen Ablesung aller Heizkostenverteiler im Haus kennt man die Gesamtanzahl aller Verbrauchswerte, gleichgültig, ob in Einheiten oder Strichen angegeben. Teilt man dann die im Haus angefallenen Heizkosten durch die Gesamtzahl der Verbrauchswerte, weiß man, was ein Strich bzw. eine Einheit kostet. Diesen Wert multipliziert man dann mit den in den Wohnungen abgelesenen Einheiten.

Diese Berechnungsweise kann dazu führen, dass aktuell zwar weniger Einheiten in der Wohnung abgelesen wurden als im Vorjahr – die Kosten aber dennoch gestiegen sind.

Bewertungsfaktor

Heizkostenverteiler sind auf die jeweiligen Heizkörper, an denen sie befestigt werden, abzustimmen. Abhängig von der Wärmeleistung und dem Wärmeübergang zwischen Heizkörper und Heizkostenverteiler wird ein Bewertungsfaktor bestimmt. Da es zehntausende von verschiedenen Heizkörpern gibt, ist das ein kompliziertes Verfahren. Noch komplizierter wird die Erfassung mit Heizkostenverteilern für Mieter dadurch, dass es Heizkostenverteiler mit Produkt- und mit Einheitsskala gibt. Bei der Produktskala ist der Bewertungsfaktor bereits berücksichtigt, bei der Einheitsskala erfolgt die Abstimmung mit dem Bewertungsfaktor erst im Zuge der Abrechnung. In der Heizkostenabrechnung wird dann für jedes Gerät ein Umrechnungsfaktor ausgewiesen.

HEIZKOSTENVERTEILER NACH DEM VERDUNSTUNGSPRINZIP

Die „Verdunster" sind, obwohl häufig in der Kritik, nicht zuletzt aufgrund relativ geringer Kosten immer noch oft anzutreffen. Die Heizkostenverteiler enthalten ein offenes Glasröhrchen mit einer farbigen Messflüssigkeit. Je wärmer der Heizkörper wird, desto stärker erweitert sich die Flüssigkeit und verdunstet. Der Umfang der Verdunstung, das heißt das Absinken des Flüssigkeitspegels, kann an der Messskala dann einmal im Jahr abgelesen werden. Dann wird auch das Messröhrchen ausgetauscht. Es gibt Heizkostenverteiler, bei denen das alte, ausgetauschte Röhrchen zu Beweiszwecken neben dem neuen befestigt werden kann.

Kaltverdunstungsvorgabe

Heizkostenverteiler nach dem Verdunstungsprinzip reagieren unter Umständen auch auf andere Wärmequellen als den Heizkörper, zum Beispiel auf Raumwärme und direkte Sonneneinstrahlung. Da auch in diesen Fällen ein geringer Teil der Messflüssigkeit verdunstet, werden die Geräte von Anfang an zum Ausgleich überfüllt, das heißt über die Nullmarke hinaus befüllt. Das nennt man Kaltverdunstungsvorgabe.

Die „Verdunster" genießen Bestandsschutz und können – wie bisher – bei praktisch allen Heizungen eingesetzt werden. Ihr Austausch ist bis zum 31. Dezember 2013 vorgeschrieben, soweit sie schon am 1. Juli 1981 eingesetzt waren. Außerdem sind sie auszutauschen, wenn eine neue Heizungsanlage mit niedriger Vorlauftemperatur eingebaut wird.

ELEKTRONISCHE HEIZKOSTENVERTEILER

Digitale Anzeige

Elektronische Heizkostenverteiler haben eine Digitalanzeige. Sie sind aber, wie auch „Verdunster", lediglich ein Messhilfsverfahren und haben zum Teil ähnliche Schwächen wie zum Beispiel die „Sommeranzeige". Elektronische Heizkostenverteiler können überall dort eingesetzt werden, wo auch der Verdunster arbeitet, zusätzlich in Heizungsanlagen mit niedrigen Vorlauftemperaturen.

Die angezeigten Verbrauchseinheiten werden durch ein batteriebetriebenes Rechenwerk ermittelt. Die Geräte arbeiten teilweise sehr unterschiedlich. Die weit verbreiteten Zweifühlergeräte erfassen über Sensoren die Raum- und die Heizkörpertemperatur. Der angezeigte Verbrauchswert basiert auf der Differenz dieser Zahlen.

Speicherung von Ablesewerten

Moderne elektronische Heizkostenverteiler speichern am Ende des Abrechnungszeitraums den bis dahin aufgelaufenen Ablesewert. Das ist ein wesentlicher Vorteil für Abrechnungen bei einem Mieterwechsel oder bei Abrechnungen nach dem Kalenderjahr. Hier ist der Ablesewert unter dem 31. Dezember gespeichert und kann jederzeit abgerufen werden. Bei anderen Geräten erfolgt die Ablesung meistens über einen Zeitraum von vier bis acht Wochen, zum Beispiel von Mitte Dezember bis Ende Januar.

Außerdem können elektronische Heizkostenverteiler mit Funktechnik ausgerüstet werden.

FUNKTECHNIK

Messdaten jederzeit abrufbar

Elektronische Heizkostenverteiler, Wärmezähler oder auch Wasserzähler lassen sich mit Funktechnik ausrüsten. Die Ablesewerte bzw. Verbrauchszahlen werden per Funk aus der Wohnung direkt an den Mitarbeiter des Wärmemessdienstunternehmens übertragen. Diese Technik ist für Mieter vorteilhaft, weil sie sich nicht mehr um Ablesetermine kümmern oder dafür sorgen müssen, dass ihre Wohnung zum vorgegebenen Termin betreten werden kann. Die Mess- oder Verbrauchsdaten sind im Gerät abgespeichert und können jederzeit abgerufen werden. Das ist positiv bei einem Mieterwechsel, im Übrigen unter Datenschutzgesichtspunkten aber auch problematisch. Weiterer Nachteil der Funktechnik: die hohen Kosten. Auch hier stellt sich immer die Frage der Wirtschaftlichkeit dieser Messtechnik.

Ob bzw. inwieweit die funkbasierte Ablesung störungsanfällig ist, ist noch offen. Gesundheitsschädliche Auswirkungen der Funksignale soll es nicht geben, zumindest so die Informationen der Wärmemessdienste. Für die ist das funkbasierte System die Chance auf ein riesiges Neugeschäft. Mieter sind verpflichtet, den Einbau der funkbasierten Ablesesysteme zu dulden (BGH WuM 2011, 625).

THERMOSTATVENTILE

Thermostatventile sind keine Erfassungssysteme für die Energiekostenverteilung, sondern sollen helfen, Energie einzusparen, indem sie die Zimmertemperatur konstant auf der einmal eingestellten Temperatur halten. Die Energieeinsparverordnung schreibt Thermostatventile an Heizkörpern grundsätzlich vor. Hierdurch erfolgt eine selbstständige Anpassung der Heizung an schwankende Außentemperaturen. Für Heizkörper in Nischen kann ein Thermostatventil mit Fernfühler sinnvoll sein. Elektronische Thermostatventile ermöglichen eine Programmierung der Raumtemperatur.

KOSTEN UND BEZAHLUNG

Erfassungssysteme sind Pflicht

Der Vermieter ist verpflichtet, die Wohnungen mit einem Erfassungssystem und mit Thermostatventilen auszustatten. Es ist grundsätzlich seine Entscheidung, welche Erfassungssysteme er installiert. Da die Kosten letztlich aber die Mieter zu zahlen haben, ist dessen Entscheidung für ein bestimmtes System immer unter dem Gesichtspunkt der Wirtschaftlichkeit zu hinterfragen.

Kauft der Vermieter ein Erfassungssystem, kann er elf Prozent der Gerätekosten auf die Jahresmiete aufschlagen. Mietet der Vermieter die Geräte, kann er die Miet- oder Leasingkosten über die Heizkostenabrechnung als Heizungsnebenkosten auf die Mieter umlegen. Voraussetzung ist, er hat die Mieter vorher schriftlich informiert und die Mehrheit der Mieter hat nicht widersprochen.

Vorsicht

Mit Kosten für ein neues Erfassungssystem können Mieter belastet werden, wenn der Gesetzgeber ein neues System vorschreibt, oder das bisherige Erfassungssystem für eine neue energiesparende Heizungsanlage nicht geeignet ist und deshalb durch ein anderes ersetzt werden muss.

Durch eine verbrauchsabhängige Heizkostenabrechnung werden die Kosten im Vergleich zu anderen Abrechnungsmodalitäten gerechter verteilt. Weil sie jedoch vor allem dazu beitragen soll, Energie und damit auch Kosten einzusparen, ist eine verbrauchsabhängige Abrechnung dann unwirtschaftlich, wenn die hierdurch entstehenden Kosten für die Mieter höher sind als das Einsparpotenzial: Seit Einführung der Heizkostenverordnung geht man davon aus, dass durch eine Verbrauchsabrechnung 15 Prozent der Brennstoff- und gegebenenfalls der Warmwasserkosten eingespart werden können. Liegen die laufenden Kosten für ein neues Erfassungssystem oberhalb dieser 15-Prozent-Grenze, dürfte ein Verstoß gegen das Wirtschaftlichkeitsgebot anzunehmen sein. Die Heizkostenverordnung geht davon aus, dass sich entsprechende Investitionen innerhalb von zehn Jahren rechnen müssen.

ABLESUNG DER ERFASSUNGSSYSTEME

Einmal im Jahr müssen die Wärmezähler, Wasseruhren oder Heizkostenverteiler abgelesen werden.

Wärmemessdienstfirmen

Werden die Verbrauchswerte nicht per Funk übertragen, müssen die Geräte in den Wohnungen von einem Mitarbeiter der Wärmemessdienstfirma abgelesen werden; diese arbeitet im Auftrag des Vermieters.

Reklamationen und Beschwerden sind immer an den Vermieter oder an die Hausverwaltung zu richten, nicht an die Messdienstfirma. Zwischen dem Dienstleister und dem Mieter selbst gibt es keine vertraglichen Beziehungen, sondern nur zwischen Mieter und Vermieter sowie zwischen Vermieter und Messdienstunternehmen.

Ablesetermine

07

Der Ablesetermin für die Erfassungssysteme in den Mietwohnungen wird entweder vom Vermieter selbst oder von der Messdienstfirma angekündigt, mindestens zehn bis 14 Tage vor der eigentlichen Ablesung. Dabei können die Mieter einzeln per Brief informiert werden oder es gibt einen Aushang im Haus. Der muss an gut sichtbarer Stelle, zum Beispiel im Treppenhaus, an den Briefkästen usw., befestigt werden.

Vorsicht

Mieter müssen den Mitarbeiter des Messdienstes in die Wohnung lassen. Wer sich standhaft weigert, verstößt gegen den Mietvertrag, riskiert Schadenersatzansprüche und eine Schätzung seiner Heizkosten.

Kann der Mieter den vorgesehenen Ablesetermin nicht einhalten, zum Beispiel wegen Krankheit, aus beruflichen Gründen oder weil er verreist ist, sind Vermieter und die Messdienstfirma zu informieren. Dann wird ein zweiter Ablesetermin angesetzt. Der sollte individuell zwischen Mieter und Messdienstunternehmen vereinbart, zumindest sollte er aber nach 17 Uhr angesetzt werden. Auch wenn der Mieter diesen zweiten Termin aus wichtigen Gründen nicht wahrnehmen könnte, würden ihm keine Sanktionen, keine Schadenersatzforderungen und keine Sonderzahlungen drohen. Es müsste ein dritter Ablesetermin vereinbart werden.

Sonderkosten für Zusatztermine

Fordern Messdienstunternehmen zusätzliche Kosten für einen zweiten oder dritten Ablesetermin direkt bei den betroffenen Mietern ein, ist das unzulässig. Denkbar ist allenfalls, dass nach den vertraglichen Vereinbarungen mit dem Vermieter Zusatzkosten entstehen können. Der Vermieter darf diese Zusatzkosten aber nicht im Zuge der Heizkostenabrechnung als „Wärmemessdienstgebühren" oder „Sonderkosten" auf alle Mieter des Hauses verteilen. Er dürfte diese Kosten allenfalls bei den Mietern, die die zweite oder dritte Anfahrt verursacht haben, als Schadenersatz fordern. Schadenersatzansprüche setzen aber ein Verschulden, hier des Mieters, voraus. Wer den Termin vorher abgesagt hat, zum Beispiel aus geschäftlichen oder beruflichen Gründen, wer gar nicht zu Hause war oder wer kurz einkaufen gegangen ist, als der Ableser kam, den trifft kein Verschulden.

Sinnvoll ist es, wenn Mieter die Erfassungsgeräte in ihrer Wohnung vorher auch selbst ablesen. Dann können sie den Ableser kontrollieren und gegebenenfalls korrigieren.

Tipp

Kontrollieren Sie den Ableser und schauen Sie ihm über die Schulter. Fragen Sie, wo und wie Sie die abgelesenen Werte vergleichen können.

Das ist unproblematisch, wenn Mieter noch ein Ableseprotokoll des Mitarbeiters des Wärmemessdienstunternehmens vorgelegt bekommen. Vor seiner Unterschrift kann der Mieter hier prüfen, ob die notierten Werte mit den von ihm abgelesenen Zahlen übereinstimmen.

Erstellt die Messdienstfirma keine Ablesebelege mehr, sondern werden die Werte sofort in ein Gerät zur Weiterverarbeitung eingegeben, muss der Mieter dem Ableser über die Schulter schauen und möglicherweise Einspruch erheben.

Die Heizkostenverordnung bestimmt seit 2009, dass Vermieter über die erfassten Verbrauchswerte zeitnah informieren müssen. Innerhalb eines Monats nach der Ablesung soll dem Mieter ein Ableseprotokoll ausgehändigt oder er auf andere geeignete Weise über seinen Verbrauch informiert werden. Diese Vermieterpflicht besteht nur dann nicht, wenn die Verbrauchsdaten in den Geräten gespeichert oder bei Verdunstern die alten Messröhrchen aufbewahrt werden. Dann kann der Mieter jederzeit kontrollieren, ob die abgelesenen Werte, die seiner Abrechnung zugrunde gelegt werden, tatsächlich stimmen.

WICHTIGE REGELUNGEN DER HEIZKOSTENVERORDNUNG

08

Die Heizkostenverordnung legt fest, dass die Kosten für Heizung und Warmwasser verbrauchsabhängig abgerechnet und verteilt werden müssen. Verbrauchsabhängig bedeutet aber nicht, dass 100 Prozent der Kosten nach Verbrauch verteilt werden müssen. Zwischen 30 und 50 Prozent der Kosten werden nach einem festen Maßstab, zum Beispiel nach Quadratmetern, verteilt. Daneben regelt die Heizkostenverordnung eine Reihe von Sonderfällen, zum Beispiel, wie bei einem Mieterwechsel zu verfahren ist oder ob und wann der Verbrauch geschätzt werden darf.

Die meisten Wohnhäuser werden zentral beheizt. Die Kosten für Heizung und Warmwasser sind Betriebskosten, die auf Mieter und Wohnungsnutzer aufzuteilen sind. Diese Aufteilung könnte theoretisch nach Personenzahl oder nach Wohnfläche erfolgen.

Verbrauchsabhängige Abrechnung

Weil die Höhe der Heizkosten jedoch wesentlich durch das individuelle Verbrauchsverhalten der Wohnungsnutzer bestimmt wird und sparsames Heizen belohnt werden soll, schreibt die Heizkostenverordnung seit 1981 die verbrauchsabhängige Heizkostenabrechnung vor.

ANWENDUNGSBEREICH

Die Heizkostenverordnung und damit die verbrauchsabhängige Abrechnung gilt für alle Wohnhäuser, in denen mindestens zwei Wohnungen von einer zentralen Heizungsanlage versorgt werden. Ausnahmen davon sind:

- Die Verbrauchserfassung ist technisch nicht möglich bzw. unwirtschaftlich. Das ist dann der Fall, wenn die zu erwartenden Einsparungen bei den Heizkosten nicht ausreichen, um die Investitionen und die laufenden Kosten zu decken. Nach der Heizkostenverordnung sind diese Kosten unverhältnismäßig, wenn sie nicht innerhalb von zehn Jahren wieder erwirtschaftet werden können.
- Mieter können den Verbrauch in ihrer Wohnung nicht beeinflussen, sie haben keine Möglichkeit, die Heizung abzustellen oder zu drosseln (BGH WuM 2003, 699). Dies gilt nur noch für Wohnungen, die bis zum 1. Juli 1981 bzw. 1. Januar 1991 in den östlichen Bundesländern errichtet worden sind.
- In sogenannten Passivhäusern – das sind Gebäude, die einen Heizwärmebedarf von weniger als 15 Kilowattstunden je Quadratmeter im Jahr aufweisen – muss nach der

Heizkostenverordnung nicht mehr verbrauchsabhängig abgerechnet werden, denn hier lohnt der Aufwand nicht. Zum Vergleich: In normalen Mehrfamilienhäusern liegt der Wärmebedarf etwa zwischen 120 und 150 Kilowattstunden pro Quadratmeter im Jahr.
- Auch wenn besonders energiesparende Heizungsanlagen betrieben werden, zum Beispiel Wärmepumpen oder Solaranlagen, muss nicht verbrauchsabhängig abgerechnet werden.
- In Alters- und Pflegeheimen, Studenten- und Jugendwohnheimen gilt die Heizkostenverordnung nicht.
- In Einzelfällen kann die zuständige Landesbehörde Ausnahmen von der Verbrauchsabrechnung zulassen.
- In Zweifamilienhäusern, in denen der Vermieter mit einer Mietpartei zusammen „unter einem Dach" wohnt, können die Vertragspartner vereinbaren, dass nicht verbrauchsabhängig abgerechnet wird.

Abrechnungspflicht

In allen übrigen Fällen ist die Heizkostenverordnung zwingend. Konsequenz ist, dass auch sogenannte Inklusivmieten oder Warmmietverträge nicht wirksam vereinbart werden können – ebenso wenig wie Heizkostenpauschalen, über die nicht abgerechnet werden müsste.

Rechnet der Vermieter – obwohl keine der oben genannten Ausnahmen zutrifft – nicht verbrauchsabhängig ab, kann der Mieter von seinem in Rechnung gestellten Heizkostenanteil oder seiner Wohnflächen-Abrechnung 15 Prozent abziehen. Den Anspruch auf eine Verbrauchsabrechnung kann er nur für künftige Abrechnungszeiträume einfordern und durchsetzen, nicht rückwirkend.

VERTEILERSCHLÜSSEL

Auch Heiz- oder Warmwasserkosten werden nicht vollständig nach Verbrauch verteilt: Verbrauchsabhängige Abrechnung heißt nicht, dass auch zu 100 Prozent nach Verbrauch abgerechnet wird.

Die Heizkostenverordnung schreibt lediglich vor, dass die Heizkosten (und Warmwasserkosten) mit einem Anteil von mindestens 50 Prozent, höchstens 70 Prozent, verbrauchsabhängig abzurechnen sind. Das bedeutet auch, dass zwischen 30 und 50 Prozent der Kosten für Heizung und Warmwasser verbrauchsunabhängig zu verteilen sind.

§

Die untere Verbrauchsgrenze von 50 Prozent ist zwingend; die obere von 70 Prozent kann dagegen über den Mietvertrag abgeändert werden. Mieter und Vermieter können einen höheren Verbrauchsanteil festsetzen – und zwar bis zu 100 Prozent. Eine solche ausdrückliche Vertragsregelung muss mit allen Mietern des Hauses getroffen werden.

Abrechnungszeiträume

Die Heizkostenverordnung bestimmt erstmals für Abrechnungszeiträume, die im Jahr 2009 beginnen, einen konkreten Verteilerschlüssel. Danach muss der Vermieter in älteren Gebäuden 70 Prozent der Kosten verbrauchsabhängig und 30 Prozent der Kosten verbrauchsunabhängig abrechnen, wenn:

- das Gebäude schlecht wärmegedämmt ist und nicht die Anforderungen der Wärmeschutzverordnung von 1994 erfüllt,
- es sich bei der Heizung um eine Öl- oder Gasheizung handelt,
- freiliegende Heizleitungen überwiegend gedämmt bzw. unter Putz verlegt sind.

Nachvollziehbar ist diese Entscheidung des Gesetzgebers nicht. Warum ausgerechnet bei energetisch schlecht ausgestatteten Gebäuden, in denen die Mieter nur bedingt die Möglichkeit haben, den Verbrauch zu beeinflussen, der Verbrauchsanteil zwingend bei 70 Prozent liegen soll, ist ein Rätsel. Man hätte sich eigentlich die genau umgekehrte Bewertung des Gesetzgebers gewünscht.

In Gebäuden, in denen – anders als oben beschrieben – die Heizleitungen innerhalb der beheizten Räume über Putz verlegt und nicht gedämmt sind, sollte in der Regel der Verteilerschlüssel 50:50 angewendet werden (Rohrwärme, vgl. auch S. 164 f.).

Wohnfläche als Maßstab

Der verbrauchsunabhängige Kostenanteil, das heißt 30 bis 50 Prozent der Heizkosten, muss nach einem festen Maßstab in der Heizkostenabrechnung verteilt werden. In der Regel ist dieser Maßstab die Wohnfläche, das heißt Quadratmeter. Zulässig ist es auch, nach umbautem Raum, also nach Kubikmetern, oder nach beheizter Wohnfläche bzw. beheiztem umbautem Raum abzurechnen. Dabei zählen zur beheizten Fläche bzw. zum beheizten umbauten Raum nur die Zimmer der Wohnung mit, die einen eigenen Heizkörper haben. Räume ohne Heizkörper zählen nicht mit, selbst dann nicht, wenn sie über einen Nachbarraum indirekt mitbeheizt werden können.

Vorteil des verbrauchsunabhängigen Maßstabes „beheizte Fläche" ist, dass damit auch klargestellt wird, dass Balkone und Terrassen nicht mitgezählt werden.

Balkone zählen mit

Wird der verbrauchsunabhängige Maßstab über die Wohnfläche insgesamt ermittelt, zählen Balkone und Terrassen zwischen 25 und 50 Prozent mit. Dies ist umso weniger nachzuvollziehen und zu akzeptieren, als Wohnungen in den meisten Abrechnungseinheiten unterschiedlich große Balkone oder teilweise gar keine Balkone haben. Trotzdem hat der Bundesgerichtshof entschieden (BGH WuM 2007, 700), dass die Wohnfläche inklusive der Balkon- und Terrassenflächen angesetzt werden kann.

Ursprünglich durfte nach der Heizkostenverordnung der einmal festgelegte Verteilerschlüssel, also das Verhältnis zwischen verbrauchsabhängigen und -unabhängigen Kostenanteilen, nur einmal in den ersten drei Jahren geändert werden. Da ist die Heizkostenverordnung seit 2009 großzügiger. Wie bisher, darf der Vermieter den Verteilerschlüssel einseitig korrigieren, wenn er eine Vorerfassung, beispielsweise für die Nutzergruppe Geschäftsräume, einführt oder wenn er bauliche Maßnahmen, die zum nachhaltigen Energiesparen beitragen, im Haus durchgeführt hat.

Vermieter kann Verteilerschlüssel ändern

Für Abrechnungsperioden, die 2009 beginnen, kann der Verteilerschlüssel nun erstmals auch aus „anderen sachgerechten Gründen" jederzeit geändert werden. Im Klartext heißt das, dass eine Änderung möglich ist, wenn der bisherige Aufteilungsmaßstab zu ungerechten, nicht mehr nachvollziehbaren Ergebnissen führt. Das kann bei Einrohrheizungen oder bei hohem Leerstand in einem Gebäude der Fall sein. Nur der Vermieter hat das Recht, den Verteilerschlüssel zu ändern – was in der Praxis zu Problemen führen kann. Denn zu bezweifeln ist, dass er etwa bei einem hohen Leerstand im Haus den verbrauchsunabhängigen Kostenanteil auf 50 Prozent hochsetzt. Das wäre zwar vernünftig und sachgerecht, führt aber unter Umständen zu einer höheren Kostenbelastung für den Vermieter. Mieter haben nach der Heizkostenverordnung jedoch kein Recht, die Änderung des Verteilerschlüssels zu verlangen.

LEERSTAND

Problematisch ist die Verteilung der Heizkosten bei hohem Leerstand im Haus.

Zwar gilt auch hier, dass der Vermieter die anteiligen Kosten für leer stehende Wohnungen selbst zahlen muss, die Kostenverteilung ist bei einer verbrauchsabhängigen Heizkostenabrechnung aber schwieriger.

Den verbrauchsunabhängigen Kostenanteil – zwischen 30 und 50 Prozent – für die leer stehenden Wohnungen muss der Vermieter zahlen. Werden diese Kosten nach der Wohnfläche verteilt, darf der Vermieter nicht den Verteilerschlüssel auf „beheizte Wohnfläche" oder gar „vermietete Wohnfläche" ändern. Er muss die anteiligen verbrauchsunabhängigen Kosten auch dann zahlen, wenn die Heizkörper in den leer stehenden Wohnungen abmontiert sind (BGH WuM 2004, 150).

Auch in leer stehenden Wohnungen müssen die Erfassungssysteme immer abgelesen werden, um dort den verbrauchsabhängigen Kostenanteil zu ermitteln.

Unfreiwilliges Mitheizen

Das ändert aber nichts daran, dass der Löwenanteil dieses verbrauchsabhängigen Kostenanteils auf die Mieter der vermieteten Wohnungen entfällt. Die sind aufgrund des Leerstandes gezwungen, unverhältnismäßig viel zu heizen. Vermietete Wohnungen, die von leer stehenden Wohnungen umgeben sind, geben Wärme an die kalten Nachbarräume ab. Konsequenz ist, dass Mieter unfreiwillig die leer stehenden Wohnungen mitheizen und deutlich mehr Heizenergie in ihrer Wohnung verbrauchen, um es hier warm zu haben.

Wenn auf die vermieteten Wohnungen hohe Verbrauchskosten zukommen, ist es gerechtfertigt, den verbrauchsunabhängigen Kostenanteil

Tipp

Bei fernwärmebeheizten Häusern ist noch eine Besonderheit zu beachten. In den Fernwärmetarifen ist ein Grundpreis eingerechnet, dessen Höhe nicht zuletzt von den Anschlussleistungen abhängt. Die von vielen Vermietern gewählte Anschlussleistung ist schon bei voll vermieteten Häusern oft zu hoch. Das gilt aber erst recht bei Leerstand. Deshalb muss der Vermieter dem Gebot der Wirtschaftlichkeit folgen und für eine Korrektur der Anschlusswerte sorgen.

bei 50 Prozent zu belassen oder gegebenenfalls auf 50 Prozent zu erhöhen. Ob der Vermieter mit Blick auf die Verteilungsgerechtigkeit sogar verpflichtet ist, den Verteilerschlüssel von 70 Prozent verbrauchsabhängige und 30 Prozent verbrauchsunabhängige Kosten auf 50:50 zu ändern, ist noch nicht höchstrichterlich entschieden.

Aus Sicht des Deutschen Mieterbundes bedarf es jedoch einer weitergehenden Prüfung, nämlich ob eine verbrauchsabhängige Heizkostenabrechnung bei hohem Wohnungsleerstand überhaupt noch sinnvoll ist. Stattdessen könnten die Heizkosten ausschließlich nach der Wohnfläche auf die Wohnungen im Haus verteilt werden. Von einem hohen Leerstand ist auszugehen, wenn in größeren Objekten 15 bis 25 Prozent der Wohnungen nicht vermietet sind. In ähnlichen Fällen, wenn beispielsweise bei mehr als 25 Prozent der Gebäudefläche der Verbrauch geschätzt werden müsste, zum Beispiel weil Erfassungsgeräte ausgefallen sind, schreibt die Heizkostenverordnung auch vor, dass die Abrechnung nicht mehr verbrauchsabhängig erfolgen darf, sondern dass sie insgesamt auf Basis der Wohnfläche vorzunehmen ist.

ROHRWÄRME

In älteren Gebäuden, insbesondere bei Heizungen mit einem Einrohrsystem, gibt es das Problem der Rohrwärmeabgabe. Heizungsrohre, die in den Wohnungen verlaufen, sind nicht gedämmt. Mieter erhalten einen Teil der benötigten Wärme – ob sie wollen oder nicht – direkt über die Heizungsrohre und nicht über die Heizkörper.

Berücksichtigung beim Gesamtverbrauch

Der Verbrauch wird nicht über die Heizkostenverteiler erfasst. Die über die Rohre abgegebene Heizenergie fließt in den Gesamtverbrauch des Hauses ein und wird dann anteilig auf die Mieter verteilt. Am stärksten belastet werden die Haushalte, die in ihren Wohnungen die höchsten Verbrauchsanzeigen haben.

Geben die Heizungsrohre in den Wohnungen zu viel Wärme ab, müssten die Heizkosten komplett nach Wohnfläche abgerechnet werden, dann macht eine verbrauchsabhängige Heizkostenabrechnung keinen Sinn (LG Dresden WuM 2009, 292; LG Gera WuM 2007, 511). So beispielsweise, wenn letztlich nur 4,49 Prozent der Heizkosten im Haus durch „Verbrauchszähler" erfasst wurden. Hier musste nach Wohnfläche abgerechnet werden. Mieter können 15 Prozent des auf sie entfallenden Kostenanteils kürzen (LG Neubrandenburg WuM 2011, 107). Anderer Ansicht hinsichtlich des Kürzungsrechts aber AG Brandenburg (NZM 2010, 900), wohl auch AG Tempelhof-Kreuzberg (GE 2011, 415).

Die Heizkostenverordnung erlaubt in solchen Rohrwärme-Fällen aber auch, dass der Verbrauch nach „anerkannten Regeln der Technik" bestimmt werden kann. Dazu wird auf ein Verfahren abgestellt, das der Verein Deutscher Ingenieure (VDI) entwickelt hat. Danach wird ermittelt, wie viel Wärme die Rohre abgegeben haben. Jedem Mieter werden dann zusätzliche Einheiten für die Rohrwärme zugerechnet und in der Heizkostenabrechnung ausgewiesen. Der Mieter hat bei Anwendung dieses Verfahrens kein Recht, die Heizkostenabrechnung zu kürzen (LG Berlin WuM 2013, 227).

Nach Ansicht des LG Dresden (WuM 2013, 671) kann auf die VDI-Regeln immer zurückgegriffen werden, wenn sehr niedrige Erfassungsraten vorliegen (hier unter 30 Prozent), also unstrittig eine hohe Wärmemenge unerfasst bleibt. In Extremfällen soll der Vermieter sogar dazu verpflichtet sein, ist sein „Ermessen auf null" reduziert (LG Neubrandenburg WuM 2013, 541).

Parallel dazu sollten die Heizkosten in Gebäuden, in denen die Heizungsrohre auf den Wänden verlaufen und ungedämmt sind, im Verhältnis 50 Prozent verbrauchsabhängiger und 50 Prozent verbrauchsunabhängiger Kostenanteil verteilt werden.

GEMEINSCHAFTSRÄUME

Hausflure, Treppenhäuser, Waschküche, Trockenraum, Speicher oder Partykeller müssen nicht mit Heizkörpern ausgestattet sein.

Keine Erfassungsgeräte

Hat der Vermieter dort Heizkörper installiert, wird auch in diesen Räumlichkeiten Heizenergie verbraucht. Trotzdem müssen hier keine Geräte zur Erfassung des Energieverbrauchs angebracht werden.

Bezahlt werden muss die hier verbrauchte Heizenergie aber dennoch. Der Heizenergieverbrauch in Gemeinschaftsräumen fließt nämlich in den Gesamtverbrauch des Hauses ein und wird über diesen Posten dann anteilig auf die Mieterhaushalte verteilt. Das bedeutet, dass Mieter mit großen Wohnungen und hohen Verbräuchen auch die höchsten Anteile an den Kosten der Gemeinschaftsräume zahlen.

Sauna und Schwimmbad

Separat erfasst werden müssen die Heizkosten nur in bestimmten Gemeinschaftsräumen, die schon an sich einen hohen Wärmeverbrauch haben, zum Beispiel eine Sauna oder ein Schwimmbad im Haus. Die hier erfassten Heizkosten müssen von den übrigen Heizkosten des Hauses getrennt werden. Sie dürfen nur auf die Mieter verteilt werden, mit denen hierüber eine konkrete Vereinbarung im Mietvertrag getroffen worden ist. Es handelt sich daher um „sonstige Betriebskosten" (vgl. S. 78 f.), die nicht entsprechend den Regeln der Heizkostenverordnung verbrauchsabhängig abgerechnet werden, sondern nach dem im Mietvertrag ausgewiesenen Verteilerschlüssel für „kalte" Betriebskosten, also zum Beispiel nach Wohnfläche oder Personenzahl.

VERBRAUCHSSCHÄTZUNG

Sind die Energieverbräuche in einzelnen Wohnungen des Hauses nicht erfasst oder nicht abgelesen worden, fordert die Heizkostenverordnung eine „Kostenverteilung in Sonderfällen", gemeint ist: Der Verbrauch in den betreffenden Wohnungen muss geschätzt werden.

Ausnahmefälle

Geschätzt werden darf nur ausnahmsweise, etwa dann, wenn der Verbrauch des Mieters in der ganzen Wohnung oder in einzelnen Räumen nicht erfasst werden konnte, weil die Geräte ausgefallen sind.

Geräteausfall, also technisches Versagen der Wärmezähler oder Heizkostenverteiler, kommt eher selten vor, aber denkbar ist zum Beispiel ein Ausfall der Batterien bei elektronischen Heizkostenverteilern. Aber: Immer dann, wenn der am Heizkörper abgelesene Wert nicht dem tatsächlichen Verbrauchswert entsprechen kann, muss geschätzt werden (BGH WuM 2013, 305).

Eine Schätzung des Verbrauchs ist nach der Heizkostenverordnung auch erlaubt, wenn sich der Fehler nicht mehr beheben lässt und die Ablesung des Erfassungssystems nicht mehr nachgeholt werden kann. Wer die Schuld hieran trägt oder wer dafür verantwortlich ist, dass keine Verbrauchswerte vorliegen (BGH WuM 2005, 776), spielt dabei keine Rolle. Geschätzt werden darf also immer wenn falsch abgelesen wurde, ein Computerfehler aufgetreten ist, die Daten verloren gegangen sind oder wenn die Messdienstfirma einfach vergessen hat abzulesen, die Messampulle auszutauschen oder die Batterie zu wechseln. Weder in der Heizkostenverordnung noch durch Entscheidungen des Bundesgerichtshofs ist dagegen geregelt, ob auch dann geschätzt werden darf, wenn der Mieter an mehreren Ableseterminen nicht zu Hause war, der Ableser also keine Chance hatte, den Verbrauch in der Mieterwohnung zu ermitteln. Letztlich muss auch in diesen Fällen der Verbrauch geschätzt werden dürfen. Andernfalls hätten es einige wenige Mieter in der Hand, die verbrauchsabhängige Heizkostenabrechnung zu unterlaufen. Voraussetzung für eine Schätzung muss aber immer sein, dass der Mieter auch einen Wiederholungs- bzw. dritten Termin hat „platzen" lassen (siehe S. 154 f.).

Vorsicht

Schätzungen sind nicht zulässig, wenn der Vermieter an den Heizkörpern einzelner Wohnungen keine Erfassungssysteme installiert hat oder wenn einzelne Räume aus technischen oder wirtschaftlichen Gründen nicht mit Erfassungssystemen ausgerüstet werden konnten.

Nach der Heizkostenverordnung gibt es vier Verfahren zur Ermittlung oder Schätzung des Verbrauchs:

- Der abgelesene Verbrauch der betreffenden Wohnungen oder Räume in früheren, witterungsmäßig vergleichbaren Abrechnungsperioden wird zum Vergleich herangezogen. Sinnvoll ist diese Schätzvariante insbesondere dann, wenn der Mieter in den fraglichen Abrechnungsperioden nicht neu eingezogen ist. Dann kann der Verbrauch anhand der Vorjahreswerte übernommen werden – dies kann sowohl für die gesamte Wohnung als auch für einzelne Räume gelten.
- Abgestellt werden kann auch auf den Verbrauch vergleichbarer anderer Räume innerhalb der aktuellen Abrechnungsperiode. Ist beispielsweise im Badezimmer eines Mieters das Erfassungssystem ausgefallen, kann der Verbrauch der Nachbarn in deren Badezimmern als Schätzgröße herangezogen werden.
- Zulässig ist es, den Durchschnittsverbrauch im Haus als Vergleich heranzuziehen, wenn für die beiden ersten Schätzverfahren nicht genügend Daten zur Verfügung stehen.

- Es ist möglich, sich für die Schätzung zum Vergleich auf kürzere Zeiträume als ein Jahr zu beziehen.

Der mit Hilfe des zulässigen Schätzverfahrens ermittelte Wert wird dann als Verbrauchswert in die Heizkostenabrechnung des Mieters übernommen.

Andere als die hier beschriebenen Schätzverfahren sind nicht zulässig. Rechnet der Vermieter allein nach Wohnfläche ab, können Mieter die Kosten ihrer Abrechnung um 15 Prozent kürzen (BGH WuM 2013, 305). Insbesondere darf der Vermieter nicht einfach ortsübliche Durchschnittskosten für die Beheizung zugrunde legen (BGH WuM 2007, 700).

Insgesamt darf höchstens bis zu 25 Prozent des Verbrauchs der gesamten Wohnfläche geschätzt werden. Ist eine noch größere Fläche zum Beispiel von dem Geräteausfall betroffen, schließt die Heizkostenverordnung eine verbrauchsabhängige Abrechnung aus. Dann muss der Vermieter das Haus unabhängig vom Verbrauch abrechnen, das heißt, er muss die Kosten – wie andere Betriebskosten auch – etwa nach Wohnfläche verteilen. Die Mieter wiederum dürfen dann, quasi als Ausgleich, von ihren so ermittelten Heizkostenanteilen 15 Prozent abziehen. Auch das schreibt die Heizkostenverordnung vor.

KÜRZUNGSRECHT

Mieter haben Anspruch auf eine verbrauchsabhängige Heiz- und Warmwasserkostenabrechnung. Rechnet der Vermieter nicht verbrauchsabhängig ab, können Mieter ihre Ansprüche einklagen und sie haben das Recht, die auf sie entfallenden Heiz- oder Warmwasserkosten um 15 Prozent zu kürzen. Das bestimmt Paragraph 12 der Heizkostenverordnung.

Hat der Vermieter nur die Heiz-, nicht aber die Warmwasserkosten verbrauchsabhängig abgerechnet, darf der Mieter die Warmwasserkosten um 15 Prozent kürzen, jedoch nicht die Heizkosten insgesamt (BGH WuM 2005, 657).

Verstoß gegen Heizkostenverordnung

Das 15-prozentige Kürzungsrecht haben Mieter immer, wenn der Vermieter entgegen den Vorschriften der Heizkostenverordnung nicht verbrauchsabhängig abrechnet, zum Beispiel weil:

Vorsicht

Das Kürzungsrecht für Mieter besteht nicht, wenn der Vermieter zulässigerweise den Verbrauch geschätzt hat und nicht mehr als 25 Prozent der Wohnfläche des Hauses betroffen war.

- die Wohnung nicht mit Erfassungsgeräten ausgerüstet ist,
- Messgeräte zwar vorhanden, diese aber fehlerhaft montiert oder funktionsuntüchtig sind,
- mehr als 25 Prozent der Wohnfläche des Hauses geschätzt werden musste, weil eine verbrauchsabhängige Abrechnung nicht möglich war (siehe S. 169),
- der Vermieter, obwohl technisch möglich und vertraglich vorgesehen, bei einem Mieterwechsel keine Zwischenablesung durchgeführt hat,
- der Vermieter den Verbrauch der Nutzergruppe „Gewerbe" nicht durch einen eigenen Wärmezähler erfasst hat, obwohl er hierzu verpflichtet war (BGH WuM 2008, 556).

MIETERWECHSEL

Zieht ein Mieter während der laufenden Abrechnungsperiode aus der Wohnung aus oder zieht ein neuer Mieter ein, muss der Vermieter deshalb keine Zwischenabrechnung erstellen. Er kann im gleichen Rhythmus wie bisher über die Betriebs- und damit die Heizkosten der Wohnung abrechnen, also zum Beispiel bei Abrechnungsperioden vom 1. Januar bis 31. Dezember zum Jahresende.

Die Heiz- und Warmwasserkosten, die in diesem Abrechnungszeitraum in der Wohnung angefallen sind, muss der

Vermieter aber auf den ausziehenden und den einziehenden Mieter verteilen. Während es bei den „kalten" Betriebskosten ganz einfach ist (vgl. S. 104), die Kosten zeitanteilig aufzuteilen, funktioniert dies bei den Heiz- und Warmwasserkosten nicht ohne Weiteres.

Ist im Mietvertrag der Punkt „Mieter- oder Nutzerwechsel" nicht ausdrücklich geregelt, schreibt die Heizkostenverordnung (§ 9b) vor, dass zwischen dem verbrauchsunabhängigen und dem verbrauchsabhängigen Kostenanteil unterschieden werden muss.

Wohndauer entscheidend

Der verbrauchsunabhängige Kostenanteil, das heißt 30 bis 50 Prozent der Heiz- bzw. Warmwasserkosten, kann zeitanteilig auf den ein- und ausziehenden Mieter verteilt werden. Das bedeutet, dass allein auf die Wohndauer abgestellt wird. Wohnte der ausziehende Mieter von Januar bis April in der Wohnung und der einziehende Mieter von Mai bis Dezember, dann zahlt der ausziehende Mieter ein Drittel und der neu einziehende Mieter zwei Drittel der Kosten.

Meistens werden die verbrauchsunabhängigen Kostenanteile der Heizkosten jedoch nach der sogenannten Gradtagszahlentabelle verteilt. Hier werden langjährige Erfahrungswerte für den Verbrauch in den einzelnen Monaten im Verhältnis zum Jahresgesamtverbrauch festgelegt. Jeder Monat wird mit einer bestimmten Zahl bewertet. Dieser Promillewert ist umso höher, je mehr Heizkosten erfahrungsgemäß in diesem Monat anfallen. Die einzelnen Gradtagszahlen sind in einer VDI-Norm festgelegt:

Gradtagszahlentabelle

Monat	Promille-Anteile je Monat
Januar	170
Februar	150
März	130
April	80
Mai	40
Juni, Juli, August (zusammen)	40
September	30
Oktober	80
November	120
Dezember	160

Für den ausziehenden Mieter, der von Januar bis April in der Wohnung gewohnt hat, bedeutet dies, er müsste 530 Promille, also 53 Prozent, zahlen. Der einziehende Mieter müsste für die Zeit von Mai bis Dezember 470 Promille oder 47 Prozent zahlen.

Der verbrauchsabhängige Heizkostenanteil ist grundsätzlich durch eine Zwischenablesung zu erfassen. Das bedeutet, der Vermieter muss die Erfassungssysteme zum Zeitpunkt des Mieterwechsels ablesen und die Ableseergebnisse den Abrechnungen für den ein- und ausziehenden Mieter zugrunde legen. Bei elektronischen Heizkostenverteilern und Wärmezählern ist eine Zwischenablesung ohne Weiteres möglich. Hier darf sie deshalb nur unterbleiben, wenn dies vertraglich ausdrücklich ausgeschlossen ist.

Probleme bei Verdunstern

Dagegen ist eine Zwischenablesung bei Heizkostenverteilern nach dem Verdunstungsprinzip problematischer. „Verdunster" werden über die Nullmarkierung hinaus überfüllt (Kaltverdunstungsvorgabe), um die sogenannte Sommer-Verdunstung auszugleichen. Bei einem Mieterwechsel profitiert hiervon aber allein der ausziehende Mieter. Er hat praktisch einige Striche kostenlos. Der einziehende Mieter hingegen zahlt vom ersten verbrauchten Strich an, weil die Kaltverdunstung schon aufgezehrt ist.

Während die einen Gerichte hier schulterzuckend von „systemimmanenten Ungenauigkeiten" sprechen, versuchen andere, die Kaltverdunstungsvorgabe rechnerisch auf ein- und ausziehenden Mieter umzurechnen. Die Ergebnisse sind oft unbefriedigend.

Die Zwischenablesung kann bei „Verdunstern" auch daran scheitern, dass der Mieterwechsel am Beginn oder am Ende der Abrechnungsperiode stattgefunden hat und die Kaltverdunstungsvorgabe noch nicht einmal verbraucht ist, sodass kein verwertbares Ergebnis abgelesen werden konnte.

Kosten, die bei einem Mieterwechsel etwa für die Zwischenablesung anfallen, muss der Vermieter übernehmen (BGH WuM 2008, 85). Diese dürfen nicht als „Nutzerwechselgebühr" oder „Sonderkosten einzelner Nutzer" auf die Mieter des Hauses verteilt werden – übrigens auch nicht auf den ein- und ausziehenden Mieter.

Von diesem Grundsatz gibt es nur eine Ausnahme: Im Mietvertrag wurde ausdrücklich vereinbart, dass diese Kosten vom Mieter übernommen werden.

Tipp

Ist eine Zwischenablesung problematisch, kann auch für die verbrauchsabhängigen Heizkostenanteile auf die Gradtagszahlentabelle zurückgegriffen werden (siehe S. 172).

09 DIE HEIZKOSTENABRECHNUNG

Die Heizkostenabrechnung, die Wärmemessdienstfirmen im Auftrag des Vermieters erstellen, ist und bleibt für viele Mieter ein Buch mit sieben Siegeln. Anhand einer Musterabrechnung wird erläutert, wie die Abrechnung aufgebaut und zusammengesetzt ist und auf welche Punkte besonders zu achten ist.

Vielen Abrechnungen wird auch eine sogenannte Kosten- und Verbrauchsanalyse beigefügt. Auch hier wird ein Muster erläutert.

Die Heizkostenabrechnung ist nichts anderes als eine besondere Betriebskostenabrechnung. Sie unterscheidet sich von der Abrechnung über „kalte" Betriebskosten allerdings dadurch, dass hier der Schlüssel zur Verteilung der Kosten nicht nach Personen oder Quadratmetern bemessen wird, sondern nach dem „Verbrauch".

Hinter dem Formular einer verbrauchsabhängigen Heizkostenabrechnung einer Wärmemessdienstfirma verbergen sich oft mehrere Abrechnungen. So werden die Heiz- und die Warmwasserkosten abgerechnet, bei beiden Positionen wird differenziert nach dem verbrauchsabhängigen und dem verbrauchsunabhängigen Kostenanteil. Daneben werden mitunter auch noch „kalte" Betriebskosten, sogenannte Hausnebenkosten, abgerechnet. Das ist zwar zulässig, stiftet aber eher Verwirrung als es zu Transparenz und Nachvollziehbarkeit beiträgt.

Sonderregelung

Abrechnungskosten sind eigentlich Verwaltungskosten und dürfen nicht auf die Mieter umgelegt werden. Für Heiz- und Warmwasserkosten gibt es eine Sonderregelung in der Heizkostenverordnung, für verbrauchsabhängig abgerechnete Kaltwasserkosten gibt es die Sonderregelung in der Betriebskostenverordnung. Danach sind Abrechnungskosten für diese Betriebskostenarten Teil der Betriebskosten selbst. Das gilt aber nicht für andere „kalte" Betriebskosten, wie zum Beispiel Müllabfuhr und Grundsteuer. Hier müsste der Vermieter bzw. die Abrechnungsfirma Abzüge von den Rechnungskosten machen.

Abrechnungen von Wärmemessdienstfirmen sehen optisch sehr professionell aus – im Gegensatz zu vielen „kalten" Abrechnungen einzelner Vermieter. Die Optik sagt aber nichts über den Inhalt oder über mögliche Fehler der Abrechnung aus. In Computer-Abrechnungen der Wärmemessdienstfirmen können ebenso viele Fehler stecken wie in handschriftlichen Aufzeichnungen eines Privatvermieters.

Die Wärmemessdienstfirma steuert zu den Abrechnungen als eigene Daten nur die Werte der abgelesenen Erfassungssysteme bei. Alle anderen Angaben stammen direkt vom Vermieter und werden letztlich ungeprüft in die Heizkostenabrechnung übernommen.

MINDESTANFORDERUNGEN

Nachvollziehbarkeit

Wie jede andere Betriebskostenabrechnung hat auch eine Heizkostenabrechnung bestimmte Mindestanforderungen zu erfüllen: Sie muss eine geordnete Zusammenstellung der Einnahmen und Ausgaben enthalten und für einen Durchschnittsverbraucher, der weder juristisch noch betriebswirtschaftlich vorgebildet ist, nachvollziehbar sein. Dazu gehört, dass jeder Rechenschritt vorgerechnet wird. Allerdings kann der Vermieter voraussetzen, dass der Mieter die Rechtsgrundlagen der Heizkostenverordnung kennt (BGH WuM 2005, 579). In der Abrechnung muss nicht auf einzelne Vorschriften der Heizkostenverordnung, auf bestimmte Rechtsgrundlagen hingewiesen werden. Genauere Erläuterungen, zum Beispiel wie die Berechnung der Wasserkosten erfolgt, sind nicht erforderlich. Die Heizkostenabrechnung muss aber alle Angaben enthalten, um die Berechnungen – Kenntnis aller Rechtsvorschriften unterstellt – nachprüfen zu können.

Folgende Angaben sind in der Abrechnung unverzichtbar:

- Der Vermieter muss die Gesamtkosten zusammenstellen.
- Er muss erklären, wie er die Kosten verteilt.
- Der Abrechnungszeitraum muss angegeben sein.
- Die Vorauszahlungen des Mieters müssen berücksichtigt und verrechnet werden.

Bei Abrechnungsfrist, Ausschlussfrist, Einwendungsfrist des Mieters und Verjährungsregelung gilt für Heizkostenabrechnungen das Gleiche wie für die „kalte" Betriebskostenabrechnung (vgl. S. 85). Auch bei den Prüfrechten des Mieters gibt es keine Besonderheiten. Zweifelt der Mieter an der Richtigkeit der Heizkostenabrechnung, kann er nachfragen und auch Einsicht in Originalrechnungsunterlagen, insbesondere Rechnungen, Lieferscheine usw., fordern. Er kann sowohl in seine Einzelabrechnung als auch in die Gesamtabrechnung des Hauses Einblick nehmen. Der Vermieter darf dies nicht mit Berufung auf den Datenschutz verweigern (vgl. S. 89).

Einsichtsrecht des Mieters

MUSTERABRECHNUNGEN

Anhand von Musterabrechnungen von Wärmemessdienstfirmen werden nachfolgend die wesentlichen Positionen erläutert:

ERLÄUTERUNGEN ZUR BRUNATA-ABRECHNUNG 2012/2013

1. Empfänger und Adressat der Heizkostenabrechnung, das heißt, der Mieter.

2. Bezeichnung der Liegenschaft, das ist das abgerechnete Mietshaus.

3. Name und Adresse des Vermieters bzw. der Hausverwaltung, die die Heizkostenabrechnung des Wärmemessdienstunternehmens – hier Brunata Metrona – in Auftrag gegeben hat.

BRUNATA METRONA

Einzelabrechnung der Heiz- und Warmwasserkosten

❶
Testmieter 1

MUSTERSTR. 99
41849 MUSTERHAUSEN

Ihre Kosten für den Zeitraum
vom 01.07.2012 bis 30.06.2013 betragen ❺

EUR 1.388,08

Unter Berücksichtigung Ihrer Vorauszahlung ergibt sich ein Guthaben von

EUR 51,92

Liegenschafts-Nr:	3671203 V
Liegenschaft:	MUSTERSTR. 99 41849 MUSTERHAUSEN ❷
Nutzer-Nr.:	0001/01 Testmieter 1
Verwaltungs-Nr.:	

Abrechnungszeitraum:	01.07.2012 - 30.06.2013 ❹
Abrechnung erstellt am:	28.02.2014
Im Auftrag und nach Angaben von:	Hans Mustermann Hausverwaltung Max-Planck-Str. 2 50354 Hürth ❸

● Aufstellung der Gesamtkosten

Brennstoffkosten	Liter Öl	Betrag EUR
Anfangsbestand	1.000	840,14
18.09.2012	4.000	3.518,12
26.02.2013	2.000	1.737,40
❻		
Restbestand	2.500	2.177,17
Summe	4.500	3.918,49

Weitere Heizungsbetriebskosten	Datum	Betrag EUR
Stromkosten	15.06.2013	162,55
Immissionsmessung	30.05.2013	52,23
Verbrauchsabrechnung	28.02.2014	245,22
Summe		460,00
❼		
Summe Brennstoffkosten		3.918,49
Gesamtkosten		4.378,49

● Verteilung der Gesamtkosten

Kostenart	Betrag :	Gesamteinheiten
Gesamtkosten	4.378,49	
Heizkosten ❽	3.343,41	davon
50% Grundkosten ❿	1.671,71:	270,00 qm beh. Wohnfl.
50% Verbrauchskosten ⓫	1.671,70:	36249,00 Einheiten
Warmwasserkosten ❾	1.035,08	davon
50% Grundkosten ⓮	517,54:	270,00 qm Wohnfläche
50% Verbrauchskosten ⓯	517,54:	78,00 cbm

● Ihre Abrechnung

= Betrag je Einheit	x Ihre Einheiten	= Ihre Kosten
= 6,19152 X	100,00 =	⓬ 619,15
= 0,04612 X	9.495,00 =	⓭ 437,91
= 1,91681 X	100,00 =	⓰ 191,68
= 6,63513 X	21,00 =	⓱ 139,34
Heiz- u. Warmwasserkosten		1.388,08 ⓲
Ihre Kosten		1.388,08
Ihre Vorauszahlung		1.440,00
Ihr Guthaben		51,92 ⓳

VR040 04.95

Bitte Rückseite beachten

Seite 1

Werte der Hauptablesung für den genannten Abrechnungszeitraum

Heizung

Raum	Gerätenummer	Skala/Bew.	Anfangsstand	Ablesung	Differenz	Faktor	Einheiten	Summe
Wz	62324130	145		1650,00	(13)		1650,00	
Wz	62324124	145		1580,00			1580,00	
Wz	62324123	172		1086,00			1086,00	
Kü	62324113	145		1852,00			1852,00	
Bad	62324117	111		250,00			250,00	
Ki	62324119	214		1615,00			1615,00	
Sz	62324120	131		732,00			732,00	
Sz	62324118	131		730,00			730,00	9495,00

(14)

Warmwasser

Raum	Gerätenummer	Anfangsstand	Ablesung	Differenz	Faktor	Einheiten	Summe
WW	181411	81,000	102,000	21,000	0,00000	21,00	21,00

Kostentrennung Warmwasser nach § 9 der Heizkostenverordnung.

Die Gesamtbrennstoffmenge 4.500,000 Liter Öl entspricht 45.000,000 kWh.
Die Ermittlung der Wassererwärmungskosten erfolgt durch Wärmezähler mit einem ermittelten Verbrauch von 10.640,00 kWh. Dies entspricht 23,64 % der Gesamtbrennstoffmenge.

Die Warmwasserkosten betragen demnach 23,64 % von (8) 4.378,49 EUR = (9) 1.035,08 EUR.

4. Der Abrechnungszeitraum muss 12 Monate betragen. Hier ist es die Zeit vom 1.7.2012 bis 30.6.2013. Für diesen Zeitraum werden die Heizkosten und die vom Mieter gezahlten Vorauszahlungen be- und verrechnet. Die Abrechnung muss der Mieter spätestens ein Jahr nach Ende des Abrechnungszeitraumes erhalten haben, hier also bis Ende Juni 2014. Wann die Abrechnung erstellt wurde, hier der 28.02.2014, spielt in diesem Zusammenhang keine Rolle.

Häufig entspricht der Abrechnungszeitraum auch dem Kalenderjahr (1.1. bis 31.12.), er kann zum Beispiel auch den Zeitraum 1.4. bis 31.3. abdecken.

5. Hier ist das Ergebnis der Heizkostenabrechnung für den Mieter als „Kurz-Info" auf den ersten Blick ablesbar: Er muss Heizkosten in Höhe von 1.388,08 Euro zahlen. Nach Verrechnung mit seinen monatlichen Vorauszahlungen im Abrechnungszeitraum hat er ein Guthaben von 51,92 Euro, das der Vermieter an ihn auszahlen muss.

6. Aufstellung der Gesamtkosten: In den drei linken Spalten geht es um die Brennstoffkosten. Die Information hierzu hat die Wärmemessdienstfirma vom Vermieter oder der Hausver-

waltung erhalten. Beim Brennstoff Öl – wie hier in der Beispielrechnung – gibt es eine Besonderheit. Abgerechnet werden darf nur die Ölmenge, die im Abrechnungszeitraum 1.7.2012 bis 30.6.2013 tatsächlich verbraucht worden ist. Der Verbrauch setzt sich zusammen aus dem Restbestand des Vorjahres (Abrechnungszeitraum 2011/2012). Das ist der Anfangsbestand für den Abrechnungszeitraum 2012/2013. Dazu kommen die Zukäufe im Abrechnungszeitraum, und hiervon muss dann die Menge Öl abgezogen werden, die am Ende des Abrechnungszeitraums noch im Öltank war, der sogenannte Restbestand (das ist dann im nächsten Jahr wieder der Anfangsbestand).

Als Anfangsbestand waren laut Abrechnung noch 1.000 Liter im Öltank. Er muss dem Endbestand der letzten Abrechnung entsprechen, und zwar sowohl die Ölmenge, 1.000 Liter, als auch der Rechnungsbetrag, 840,14 Euro. Während der Abrechnungsperiode wurde zweimal nachgetankt, am 18.9.2012 4.000 Liter zu einem Preis von 3.518,12 Euro und am 26.2.2013 noch einmal 2.000 Liter für 1.737,40 Euro. Am Ende der Abrechnungsperiode befanden sich noch 2.500 Liter Heizöl im Tank. Sie müssen abgezogen werden. Somit wurden in der Abrechnungsperiode 2012/2013 insgesamt 4.500 Liter Heizöl verbraucht. Dafür sind Kosten in Höhe von 3.918,49 Euro entstanden (Anfangsbestand 840,14 Euro + 3.500 Liter Heizöl aus der Lieferung vom 18.9.2012).

7. In den drei rechten Spalten werden die sogenannten Heizungsnebenkosten oder „weitere Heizungsbetriebskosten" aufgeführt. Abgerechnet werden Stromkosten (Betriebsstrom), Kosten der Immissionsmessung und der Verbrauchsabrechnung. Das sind die Gebühren der Wärmemessdienstfirma. Die Höhe der Heizungsnebenkosten beträgt insgesamt 460,00 Euro. Das sind rund 12 Prozent der Brennstoffkosten, das ist plausibel. Die Summe dieser Heizungsbetriebskosten und die Summe der Brennstoffkosten ergeben Gesamtkosten in Höhe von 4.378,49 Euro. Diese Kosten werden im Folgenden verteilt. Wartungskos-

ten für die Heizung oder Reinigungskosten sind ebenfalls „Heizungsbetriebskosten", werden hier aber nicht abgerechnet.

8. + 9. Da auch die Warmwasserversorgung über die Heizungsanlage läuft, müssen die Gesamtkosten in Höhe von 4.378,49 Euro auf Heizkosten und Warmwasserkosten aufgeteilt werden. Auf der Rückseite der Heizkostenabrechnung hat die Wärmemessdienstfirma erklärt bzw. beschrieben, wie die Gesamtkosten aufgeteilt wurden. Danach entfallen auf die Warmwasserkosten – das sind hier letztlich die Energiekosten, die zur Erwärmung des Wassers notwendig waren – 1.035,08 Euro. Damit entfallen auf die Heizkosten 3.343,41 Euro.

10. Die Heizkosten, 3.343,41 Euro, werden aufgeteilt in Grundkosten und Verbrauchskosten (vgl. 11.). Nach der Heizkostenverordnung müssen mindestens 50 Prozent und höchstens 70 Prozent der Kosten als Verbrauchskosten abgerechnet werden. Hier werden die Heizkosten zu 50 Prozent nach Verbrauch und zu 50 Prozent als Grundkosten, das heißt nach einem festen, verbrauchsunabhängigen Maßstab, abgerechnet. In diesem Fall sind es „qm beh. Wohnfl." – das bedeutet, 50 Prozent Grundkosten, 1.671,71 Euro, werden aufgeteilt nach Quadratmetern der beheizten Wohnfläche. Das sind in der Abrechnungseinheit, also in diesem Mietshaus, 270 Quadratmeter.

11. 50 Prozent der Heizkosten, ebenfalls 1.671,71 Euro, werden nach dem in den Wohnungen ermittelten Verbrauch abgerechnet, nach „Einheiten". In dem hier abgerechneten Mietshaus wurden insgesamt 36,249,00 Einheit auf allen Heizkostenverteilern im Haus abgelesen.

12. Unter „Ihre Abrechnung" werden jetzt aus den Kosten des Hauses die anteiligen Kosten der Mieterwohnung berechnet. Bei den Heizkosten werden zunächst die 1.671,71 Euro Grundkosten auf die 270 Quadratmeter beheizte Wohnfläche

des Hauses insgesamt aufgeteilt. Das ergibt 6,19152 Euro pro Quadratmeter. Die Mieterwohnung ist 100 Quadratmeter groß, somit entfallen auf die Mietwohnung Grundkosten für die Heizung in Höhe von 619,05 Euro (100 x 6,19152 Euro).

13. Ähnlich wird bei den Verbrauchskosten gerechnet, das heißt bei dem verbrauchsabhängigen Heizkostenanteil. 1.671,70 Euro verbrauchsabhängige Heizkosten werden durch die im Haus abgelesenen 36.249 Einheiten geteilt. Dies ergibt einen Preis von 0,04612 Euro pro Einheit. In der Mieterwohnung wurden insgesamt 9.495 Einheiten abgelesen. Details hierzu findet man auf der Rückseite der Heizkostenabrechnung. Dort stehen die Ableseergebnisse für die einzelnen Heizkostenverteiler in der Wohnung. 9.495 Einheiten in der Wohnung mal einem Preis von 0,04612 Euro ergibt 437,91 Euro als verbrauchsabhängigen Heizkostenanteil. Hier erkennt man, dass die Mieter sparsam geheizt haben.

14. Die Warmwasserkosten werden ähnlich wie die Heizkosten verteilt. Auch diese Kosten werden zu 50 Prozent nach Verbrauch und zu 50 Prozent nach festen Maßstäben – hier nach Quadratmetern Wohnfläche – verteilt, das Haus ist 270 Quadratmeter groß.

15. Die restlichen 50 Prozent der Warmwasserkosten werden nach Verbrauch abgerechnet. Insgesamt wurden in dem Mietshaus 78,00 Kubikmeter Warmwasser verbraucht.

16. Die Grundkosten für Warmwasser betragen hier pro Quadratmeter 1,91681 Euro. Das ist das Ergebnis, wenn man die 517,54 Euro auf die 270 Quadratmeter Wohnfläche des Hauses insgesamt aufteilt. Die Mieterwohnung ist 100 Quadratmeter groß, so dass ein Grundkostenanteil für Warmwasser in Höhe von 191,68 Euro anfällt.

17. Ein Kubikmeter Warmwasser kostet 6,63513 Euro. Für die Mieterwohnung wurde ein Verbrauch von 21 Kubikmetern ermittelt. Details findet man auch hier auf der Rückseite der Abrechnung. Das bedeutet, dass insgesamt Verbrauchskosten in Höhe von 139,34 Euro entstanden sind.

18. Zählt man die Positionen 12, 13, 16 und 17 zusammen, ergeben sich die vom Mieter insgesamt zu zahlenden Heiz- und Warmwasserkosten, hier 1.388,08 Euro.

19. Am Ende der Abrechnung wird verrechnet. Den Heiz- und Warmwasserkosten in Höhe von 1.388,08 Euro stehen Vorauszahlungen des Mieters im Abrechnungszeitraum 1.7.2012 bis 30.6.2013 in Höhe von 1.440 Euro gegenüber. Das heißt, der Mieter hat 51,92 Euro zu viel gezahlt, er hat ein entsprechendes Guthaben, das der Vermieter auszahlen muss.

KOSTEN- UND VERBRAUCHSANALYSE BEI EINER BRUNATA-ABRECHNUNG

Nach der Heizkostenverordnung soll der Vermieter eine Verbrauchsanalyse zur Verfügung stellen, die die Entwicklung der Kosten für die Heizwärme- und Warmwasserversorgung der vergangenen drei Jahre wiedergeben sollte (vgl. auch S. 138). Mit Hilfe dieser Informationen können Mieter auch ihr konkretes Verbrauchsverhalten besser einschätzen, auch unter Berücksichtigung des Verbrauchsverhaltens der Nachbarn, das heißt der Verbrauchszahlen des gesamten Hauses. Dann können Mieter möglicherweise auch ihr Heizverhalten optimieren und Kosten sparen.

Die Messdienstfirma Brunata beispielsweise teilt den Mietern mit, um wie viel Prozent sich der Heizverbrauch bzw. Warmwasserverbrauch im Vergleich zum Vorjahr erhöht oder verringert hat. Danach wird der Verbrauch des einzelnen Mieters verglichen mit dem Hausdurchschnitt. Liegt die Markierung des Banddiagramms, wie hier, links vom Liegenschaftsdurchschnitt, so haben Sie verhältnismäßig wenig verbraucht. Liegt die Markierung rechts vom Durchschnitt, haben Sie einen höheren Verbrauch als der Durchschnitt Ihrer Nachbarn.

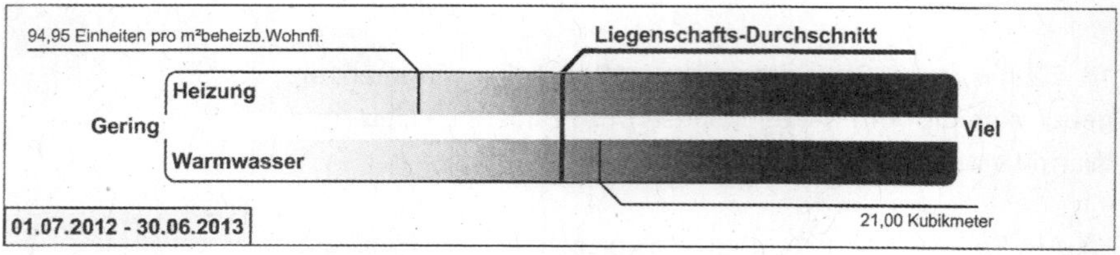

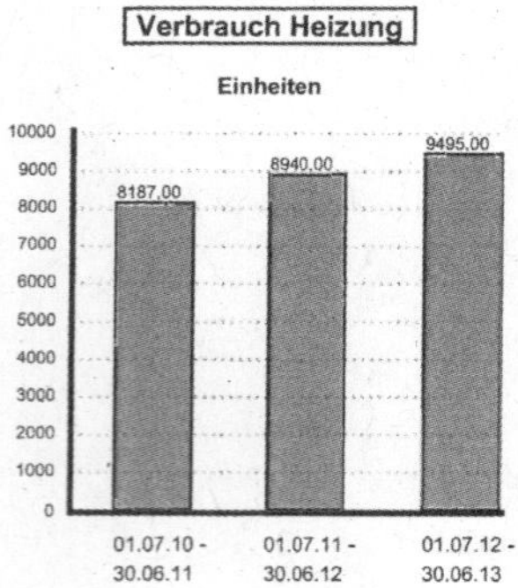

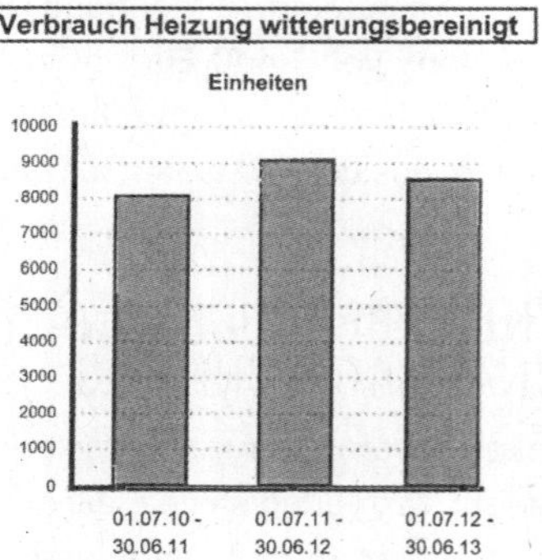

Interessant ist auch der Heizungsverbrauch über mehrere Abrechnungsperioden und zum Vergleich der witterungsbedingte Heizungsverbrauch.

Beim „Verbrauch Heizung" zeigt sich hier, dass die Mieter im letzten Abrechnungszeitraum einen um 6,21 Prozent höheren Heizungsverbrauch hatten als in der vorherigen Abrechnungsperiode. Vom 1.7.2011 bis 30.6.2012 wurden 8.940 Einheiten verbraucht, in der neuen Abrechnungsperiode vom 1.7.2012 bis 30.6.2013 waren es 9.495 Einheiten.

Mit diesen Angaben weiß man aber immer noch nicht, ob man viel oder gar verschwenderisch geheizt hat oder ob der kalte und strenge Winter einfach einen höheren Heizbedarf mit sich gebracht hat. Deshalb gibt es als weitere Grafik den witterungsbereinigten Verbrauchsvergleich. Das Wetter, bedingt durch Temperaturschwankungen, hat Einfluss auf das Heizverhalten. Deshalb werden bei der witterungsbereinigten Grafik die Verbrauchseinheiten so dargestellt, dass die Wetterschwankungen entsprechend berücksichtigt, also herausgerechnet wurden.

Hier zeigt sich, dass die Mieter trotz eines höheren Verbrauchs tatsächlich Energie eingespart haben.

CHECKLISTE HEIZKOSTEN-ABRECHNUNG

Zur Überprüfung der Heizkostenabrechnung können Sie die Checkliste auf S. 186 nutzen. Zumindest wenn eine der Fragen mit einem Nein beantwortet werden müsste, sollten Sie nachhaken und die persönliche Rechtsberatung bei einem örtlichen Mieterverein aufsuchen (Adressen siehe S. 210 ff.).

Checkliste: Heizkostenabrechnung	Ja	Nein
Hat der Vermieter die Abrechnungsfrist von zwölf Monaten eingehalten (Ausschlussfrist)?	☐	☐
Beträgt der Abrechnungszeitraum ein Jahr?	☐	☐
Bei Erdgas, Fern- oder Nahwärme: Sind die verbrauchte Energiemenge und der dafür bezahlte Preis angegeben (in kW/h, MW/h, cbm)?	☐	☐
Bei Öl oder anderen festen Brennstoffen: Sind der Anfangs- und der Restbestand angegeben? Wurde der Restbestand richtig bewertet und korrekt abgezogen? Enthält die Abrechnung eine Aufstellung der einzelnen Lieferungen nach Lieferdatum, Menge und Einzelpreis?	☐	☐
Fallen alle Daten der Lieferungen in den Abrechnungszeitraum?	☐	☐
Sind die Heiznebenkosten einzeln aufgeführt?	☐	☐
Sind nur die umlegbaren Kosten enthalten? Reparaturkosten, Trinkgelder, Finanzierungskosten usw. gehören nicht in die Abrechnung.	☐	☐
Sind die Kosten für die Messgeräte angemessen?	☐	☐
Wartungskosten sollten unter 5 % der Brennstoffkosten liegen. Ist diese Grenze eingehalten?	☐	☐
Betriebsstromkosten sollten nicht höher als 5 % der Brennstoffkosten sein. Sind diese Werte eingehalten?	☐	☐
Entspricht der Verteilerschlüssel den Vorgaben der Heizkostenverordnung? Sind die Grundkosten für Heiz- und Warmwasserkosten mit 30 bis 50 % angesetzt worden, die Verbrauchskosten entsprechend mit 50 bis 70 %?	☐	☐
Trägt der Vermieter die Grundkosten für leer stehende Wohnungen selbst?	☐	☐
Entspricht der Verteilerschlüssel dem des Vorjahres? Änderungen sind nur in Ausnahmefällen zulässig.	☐	☐
Ist nach Ihrem Ein- oder Auszug eine Zwischenablesung durchgeführt worden?	☐	☐
Zahlt der Vermieter die Kosten für die Zwischenablesung selbst?	☐	☐
Wenn Ihr Verbrauch geschätzt werden musste: Entspricht die Schätzung den Vorgaben der Heizkostenverordnung?	☐	☐
Ist der Warmwasserverbrauch für das Haus bei einer „verbundenen Anlage" korrekt aufgeteilt worden?	☐	☐
Achtung: Lassen Sie Ihre Heizkostenabrechnung auf jeden Fall von Ihrem örtlichen Mieterverein prüfen, wenn Sie eine dieser Fragen mit Nein beantwortet haben. Hat der Vermieter nicht verbrauchsabhängig abgerechnet, obwohl er nach der Heizkostenverordnung hierzu verpflichtet wäre, können Sie direkt 15 % von Ihrer Rechnung abziehen.		

BETRIEBSKOSTEN UND STEUERN

10

Mieter können einen Teil der gezahlten Betriebskosten steuerlich geltend machen. Für sogenannte haushaltsnahe Dienstleistungen gibt es Geld zurück, so bestimmt es Paragraph 35 a Einkommensteuergesetz.

Mieter können Betriebskosten als haushaltsnahe Dienstleistungen steuerlich geltend machen (§ 35 Absatz 2 Einkommensteuergesetz). Dazu zählen Aufwendungen für den Hausmeister, die Gartenpflege und die Hausreinigung, Straßen- und Gehwegreinigung, Winterdienst. Voraussetzung ist, dass die Arbeiten auf dem Privatgrundstück des Eigentümers erfolgen. Die Steuerermäßigung kann auch in Anspruch genommen werden für Kosten für Wartungsarbeiten, zum Beispiel an Heiz- oder Warmwassergeräten, an Elektroanlagen, Feuerlöschern oder Gemeinschaftswaschmaschinen, für Kosten des Schornsteinfegers oder der Dachrinnenreinigung.

Beim Aufzug können die Kosten für die Wartung des Notrufs, nicht aber für die TÜV-Gebühren angesetzt werden. Ganz allgemein gilt: Mess- und Überprüfungsarbeiten, Legionellenprüfung, Kontrolle von Aufzügen oder Blitzschutzanlagen, Feuerstättenschau oder technische Prüfdienste gehören nicht zu den steuerbegünstigten Arbeiten.

Ohne Bedeutung ist hierbei, dass Mieter diese Arbeiten nicht selbst in Auftrag geben, sondern immer der Vermieter. Es reicht nach den Anwendungsregelungen des Bundesfinanzministeriums aus, dass die an den Vermieter gezahlten Betriebskosten Beträge für haushaltsnahe Dienstleistungen enthalten.

Überweisung als Voraussetzung

Voraussetzung ist allerdings, dass der Vermieter die oben genannten Arbeiten und Dienstleistungen nicht bar bezahlt, sondern das Geld überwiesen hat.

Steuerlich berücksichtigt werden nur die Personal-, nicht aber die Materialkosten. Das bedeutet: Bei der Betriebskostenposition Gartenpflege muss differenziert werden zwischen Personal- bzw. Arbeitskosten und den Materialkosten, das heißt den Kosten für Pflanzen, Kompost usw.

Der Vermieter muss eine differenzierte Abrechnung über die Betriebskosten erstellen, in der die Aufwendungen für Personal- und Materialkosten getrennt aufzuführen sind. Einen entsprechenden Anspruch des Mieters hat das Amtsgericht Berlin-Charlottenburg (WuM 2009, 299) bestätigt. Die benötigten Angaben und Zahlen können sich direkt aus der Abrechnung ergeben, oder der Vermieter stellt eine gesonderte Bescheinigung aus.

Für die oben genannten Betriebskostenarten können nicht die gesamten Personalkosten steuerlich geltend gemacht werden, sondern nur 20 Prozent sind absetzbar; die Höchstgrenze liegt bei 4.000 Euro.

Der Mieter kann die Kosten noch für das Jahr steuerlich geltend machen, in dem er die Nebenkostenabrechnung erhält. Er kann also die im Jahr 2012 entstandenen Betriebskosten, die 2013 abgerechnet wurden, in der Steuererklärung für 2013 anführen, die er bis zum 31. Mai 2014 abgeben muss.

Mieter können auch Kosten (20 Prozent) für Handwerkerleistungen in der Wohnung steuerlich geltend machen, beispielsweise Renovierungs- oder Modernisierungsarbeiten. Dazu gehören auch Kosten für die Verlegung von Bodenbelägen, Montage einer Einbauküche und Reparaturarbeiten an technischen Geräten.

11 DIE WICHTIGSTEN URTEILE DES BUNDESGERICHTSHOFS

Mieterrechte und Mieterpflichten rund um das Thema Betriebskosten sind in den Paragraphen 556, 556 a und 560 des Bürgerlichen Gesetzbuchs, der Betriebs- und der Heizkostenverordnung geregelt. Zusätzlich sind aber die Vorgaben aus tausenden von Gerichtsentscheidungen zu beachten. Die wichtigsten Entscheidungen des Bundesgerichtshofs sind hier aufgelistet.

12 Monate

Der Vermieter hält die zwölfmonatige Abrechnungsfrist schon dadurch ein, dass er dem Mieter eine formell ordnungsgemäße Abrechnung zuschickt. Ob die Abrechnung inhaltlich richtig ist, ist nicht entscheidend (BGH VIII ZR 115/04).

Abrechnungsfrist

Innerhalb der zwölfmonatigen Abrechnungsfrist muss der Mieter die Abrechnung erhalten haben. Es genügt nicht, wenn der Vermieter die Abrechnung in diesem Zeitraum abgeschickt hat. Ein eventuelles Verschulden der Post wird dem Vermieter zugerechnet (BGH VIII ZR 107/08).

Abrechnungszeitraum

Der nach dem Gesetz vorgeschriebene Abrechnungszeitraum bei Betriebskosten von einem Jahr kann von den Vertragsparteien einvernehmlich verlängert werden, zum Beispiel auf 19 Monate. Das macht Sinn, wenn auf eine kalenderjährliche Abrechnung umgestellt werden soll (BGH VIII ZR 316/10).

Nachträgliche Korrektur

Innerhalb der 12-monatigen Abrechnungsfrist darf der Vermieter die Betriebskostenabrechnung auch zum Nachteil des Mieters korrigieren (BGH VIII ZR 296/09).

Korrektur nach Treu und Glauben

Von der gesetzlichen Regelung, dass eine Betriebskostenabrechnung 12 Monate nach Ende der Abrechnungsperiode nicht mehr zum Nachteil des Mieters korrigiert werden darf, gibt es eine Ausnahme „nach Treu und Glauben“. Mieter können sich dann nicht auf die gesetzliche Abrechnungs- und Ausschlussfrist berufen, wenn der Fehler in der Abrechnung offensichtlich war, auf einem Versehen beruht und der Mieter den Fehler leicht hätte erkennen können (BGH VIII ZR 133/10).

Inhaltliche Mängel

Der Vermieter kann die Betriebskostenabrechnung nachbessern, wenn sie inhaltliche Mängel hat, zum Beispiel: Kosten werden abgerechnet, obwohl sie nicht vereinbart sind, oder obwohl eine Pauschale im Mietvertrag vereinbart ist, oder die Vorauszahlungen sind in der Abrechnung falsch berechnet worden, bzw. es wurden nicht die tatsächlich gezahlten Vorauszahlungen berücksichtigt (BGH VIII ZR 240/10).

Fehler in der Abrechnung

Rechnet der Vermieter die Betriebskosten nicht nach dem im Mietvertrag vereinbarten Verteilerschlüssel „Wohnfläche" ab, sondern gibt er als Verteilerschlüssel nur einen Prozentsatz an, und setzt er für die vom Mieter gezahlten Vorauszahlungen fälschlicherweise 0 an, sind das Fehler, die nicht zu einer formellen Unwirksamkeit der Abrechnung führen, sondern korrigiert werden können (BGH VIII ZR 286/10).

Vorwegabzug

In gemischt genutzten Abrechnungseinheiten – Gewerbe und Wohnraum – ist ein Vorwegabzug der auf die Gewerbemieter entfallenden Kosten nur dann geboten, wenn ansonsten nennenswerte Mehrbelastungen für die Wohnraummieter die Folge wären (BGH VIII ZR 78/05). Nachweisen muss die Mehrbelastung der Mieter (BGH VIII ZR 251/05).

Fehlender Vorwegabzug

Unterbleibt der notwendige Vorwegabzug, ist das ein inhaltlicher Fehler, kein formeller Mangel der Abrechnung (BGH VIII ZR 118/11).

Unwirksamkeit

Ein unverständlicher Verteilerschlüssel ist ein formeller Mangel und führt zur Unwirksamkeit der Abrechnung (BGH VIII ZR 84/07).

Vorauszahlungen

Berücksichtigt der Vermieter die monatlichen Vorauszahlungsbeträge in der Abrechnung nicht, ist die Abrechnung inhaltlich falsch, aber formell trotzdem ordnungsgemäß (BGH VIII ZR 197/11).

Formeller Fehler

Verschickt der Vermieter eine Abrechnung, die schon aus formellen Gründen unwirksam ist, beispielsweise weil kein Verteilerschlüssel angegeben ist, wird die 12-monatige Einwendungsfrist des Mieters nicht in Gang gesetzt (BGH VIII ZR 27/10).

Adressat

Es reicht aus, wenn der Vermieter die Betriebskostenabrechnung an einen der beiden Ehepartner adressiert und von diesem die Nachzahlung fordert (BGH VIII ZR 263/09).

Wirtschaftlichkeitsgebot

Nach diesem Grundsatz ist der Vermieter verpflichtet, bei Maßnahmen und Entscheidungen, die Einfluss auf die Höhe der vom Mieter zu tragenden Nebenkosten haben, auf ein angemessenes Kosten-Nutzen-Verhältnis Rücksicht zu nehmen. Behauptet der Mieter, es lege ein Verstoß gegen das Wirtschaftlichkeitsgebot vor, muss er dies beweisen (BGH VIII ZR 340/10).

Gesamtkosten

Der Vermieter muss für jede Kostenposition in der Abrechnung die vollständigen Gesamtkosten angeben. Es dürfen nicht vorab Kostenanteile – zum Beispiel nicht umlagefähige Kosten – einfach herausgerechnet werden. Dann ist die Abrechnung unvollständig. Dieser Fehler kann nur innerhalb der 12-monatigen Abrechnungsfrist korrigiert werden (BGH VIII ZR 1/06).

Abrechnungseinheit

Der Vermieter darf mehrere Gebäude, die durch eine gemeinsame Heizungsanlage versorgt werden, zusammen abrechnen, wenn sie eine Abrechnungseinheit bilden. Die Abrechnungseinheit muss nicht bereits bei Abschluss des Mietvertrages existieren, der Vermieter kann sie auch erst im Laufe des Mietverhältnisses bilden (BGH VIII ZR 45/11).

Sicherheitszuschlag

Vermieter dürfen keinen pauschalierten Sicherheitszuschlag auf die Betriebskostenvorauszahlungen im Hinblick auf von ihnen prognostizierte Kostensteigerungen machen. Der Vermieter muss sich immer an den voraussichtlich tatsächlich entstehenden Kosten orientieren (BGH VIII ZR 294/10).

Leerstand

Anteilige Betriebskosten für leer stehende Wohnungen muss der Vermieter selbst zahlen (BGH VIII ZR 159/05).

Doppelhaushälfte

Der Vermieter kann die ihm für die vermietete Doppelhaushälfte gesondert in Rechnung gestellte Grundsteuer direkt an den Mieter weiterleiten. Er muss nicht zuerst die Gesamtkosten für das Haus aufaddieren und diese dann auf beide Doppelhaushälften verteilen, das heißt umlegen (BGH VIII ZR 243/10).

Grundsteuer

Der Grundsteuerbescheid für eine Eigentumswohnung kann ohne weitere Rechenoperation direkt in die Betriebskostenabrechnung für die Mieter der Wohnung eingestellt werden (BGH VIII ZR 252/12).

Wasserkosten

Im Normalfall, in dem die Wohnungen der Abrechnungseinheit im Wesentlichen vermietet sind, können die Kosten der Wasserversorgung einheitlich nach dem erfassten Wasserverbrauch umgelegt werden. Das gilt auch für die Fixkosten wie Grundgebühren oder Zählermiete (BGH VIII ZR 183/09).

15 Prozent Abzug

Werden trotz Wasserzähler und einer geschuldeten verbrauchsabhängigen Abrechnung die Wasserkosten nach Wohnfläche abgerechnet, können Mieter von der Abrechnung 15 Prozent als Schadensersatz abziehen (BGH VIII ZR 218/11).

Sperrmüll

Im Rahmen der Betriebskostenabrechnung darf der Vermieter auch Sperrmüllkosten abrechnen und auf die Mieter umlegen. Es handelt sich um Kosten der Müllbeseitigung (BGH VIII ZR 137/09).

Wasserzähler

Überdimensionierte Wasserzähler müssen ausgetauscht werden, wenn der Wasserversorger zählerabhängige Grundgebühren fordert und die Wasserkosten auch von der Zählergröße abhängen (BGH VIII ZR 97/09). Dagegen dürfen ungeeichte Wohnungs-Wasserzähler weiter verwendet werden. Der Vermieter muss aber nachweisen, dass die angezeigten Werte zutreffend sind (BGH VIII ZR 112/10).

Versicherung

Die Kosten der Sach- und Haftpflichtversicherung dürfen in der Betriebskostenabrechnung in einer Summe ausgewiesen werden. Der Vermieter muss nicht die einzelnen Versicherungsarten aufschlüsseln, zum Beispiel Gebäudeversicherung, Glasversicherung, Haftpflichtversicherung für das Gebäude, für den Öltank oder für den Aufzug (BGH VIII ZR 346/08).

Terrorschaden

Ob die Kosten einer Terrorschaden-Versicherung als Teil der Gebäudeversicherung oder gesonderte Versicherung umlagefähig sind oder das Wirtschaftlichkeitsgebot verstoßen, hängt vom Einzelfall ab. Entscheidend ist, ob das Gebäude zu den gefährdeten Objekten gezählt werden kann. Das sind Gebäude mit Symbolcharakter, öffentliche Gebäude, Gebäude, in denen sich regelmäßig viele Menschen aufhalten, und Gebäude in unmittelbarer Nachbarschaft der vorher genannten Gebäude (BGH XII ZR 129/09).

Elektroanlagen

Kosten der Überprüfung von Elektroanlagen sind keine Instandsetzungs- und Instandhaltungskosten, sondern umlagefähige Betriebskosten. Sie können als „sonstige Betriebskosten" im Mietvertrag aufgeführt werden (BGH VIII ZR 123/06).

Aufzug

Ein Erdgeschossmieter kann an den Aufzugskosten beteiligt werden (BGH VIII ZR 103/06), nicht aber Mieter in einem anderen Gebäudeteil, die den Aufzug nicht nutzen können (BGH VIII ZR 128/08).

Sonstige Betriebskosten

Sonstige Betriebskosten sind nur umlagefähig, wenn im Mietvertrag die umzulegende Kostenart konkret vereinbart wurde (BGH VIII ZR 167/03).

Dachrinnenreinigung

Kosten der Dachrinnenreinigung können bei entsprechender Vereinbarung sonstige Betriebskosten sein (BGH VIII ZR 146/03; BGH VIII ZR 167/03).

Öltank

Die Kosten der Öltankreinigung sind Betriebskosten, sogenannte Heizungsnebenkosten. Damit dürfen sie über die Heizkostenabrechnung an die Mieter weitergegeben werden (BGH VIII ZR 221/08).

Funkbasierte Ablesesysteme

Vermieter dürfen die bisher eingesetzten Geräte zur Erfassung der Heizkosten (Heizkostenverteiler) oder Wasserkosten gegen funkbasierte Ablesesysteme austauschen. Mieter müssen den Einbau dieser Geräte dulden (BGH VIII ZR 326/10).

Leistungs- und Abflussprinzip

„Kalte" Betriebskosten darf der Vermieter auch nach dem sogenannten Abflussprinzip abrechnen, zumindest wenn es in dem Mietobjekt nicht zu Mietwechseln gekommen ist (BGH VIII ZR 27/07).

Heizkosten: Abflussprinzip unzulässig

Der Vermieter muss die Kosten der tatsächlich während der Abrechnungsperiode ins Haus gelieferten Energie abrechnen. Er darf nicht einfach seine Abschlagszahlungen an den Energieversorger der Verbrauchsabrechnung zugrunde legen (BGH VIII ZR 156/11).

Nutzerwechsel

Kosten im Zusammenhang mit einem Nutzer- oder Mieterwechsel, zum Beispiel Kosten einer Zwischenablesung, sind keine Betriebskosten. Der Vermieter muss diese Kosten übernehmen, es sei denn, im Mietvertrag ist ausdrücklich eine andere Regelung vereinbart (BGH VIII ZR 19/07).

Schätzung

Kann der am Heizkörper abgelesene Messwert aus zwingenden physikalischen Gründen nicht dem tatsächlichen Verbrauchswert entsprechen, muss der Vermieter den Wärmeverbrauch des Mieters schätzen (BGH VIII ZR 310/12).

Pauschale

Mieter können keine Auskunft über die tatsächliche Höhe der Betriebskosten fordern, wenn eine Betriebskostenpauschale vereinbart ist. Anders nur, wenn konkrete Anhaltspunkte dafür vorliegen, dass während der Mietzeit die Betriebskosten gesunken sind (BGH VIII ZR 106/11).

Reklamationsfrist

Auch wenn der Vermieter fälschlicherweise über Betriebskosten abrechnet, obwohl eine Pauschale vereinbart worden ist, muss der Mieter diesen Fehler innerhalb von 12 Monaten reklamieren. Verpasst er die Frist, muss er auf die eigentliche unbegründete Forderung des Vermieters trotzdem zahlen (BGH VIII ZR 148/10).

Fehler reklamieren

Spätestens 12 Monate, nachdem er die Nebenkostenabrechnung erhalten hat, muss der Mieter eventuelle Fehler reklamieren. Geschieht das nicht, muss er auf die falsche Abrechnung zahlen. Das gilt selbst dann, wenn der Vermieter Jahr für Jahr den gleichen Fehler in der Abrechnung macht und der Mieter in den vergangenen Jahren immer erfolgreich reklamiert hatte (BGH VIII ZR 185/09).

Zu niedrige Vorauszahlungen

Legt der Vermieter die monatlichen Vorauszahlungen im Mietvertrag zu niedrig fest, macht er sich hierdurch nicht schadensersatzpflichtig (BGH VIII ZR 195/03).

Vorauszahlungen senken

Mieter können die laufenden Vorauszahlungen auch dann kürzen, wenn sie die ursprünglich fehlerhafte Abrechnung des Vermieters selbst korrigiert und ein Guthaben zu ihren Gunsten errechnet haben (BGH VIII ZR 184/12).

Vorauszahlungen

Auch wenn der Vermieter die 12-monatige Abrechnungsfrist verpasst hat und keine Nachforderungen mehr stellen darf, kann er die monatlichen Vorauszahlungen an das Ergebnis der verspäteten Abrechnung anpassen, also die Vorauszahlungen erhöhen (BGH VIII ZR 258/09).

Anpassung Vorauszahlungen

Die Anpassung von Vorauszahlungen setzt eine formell und inhaltlich korrekte Abrechnung voraus (BGH VIII ZR 246/11).

Mietminderung bei Abrechnung berücksichtigen

Bei der jährlichen Betriebskostenabrechnung muss die berechtigt durchgeführte Mietminderung des Mieters berücksichtigt werden. Das bedeutet, auch eine evtl. Nachzahlungsforderung des Vermieters muss anteilig gekürzt werden. Erst nach der Betriebskostenabrechnung steht damit endgültig die Höhe der Mietminderung fest. So ist zu rechnen: Ausgangspunkt ist die geschuldete Jahresnettomiete. Dazu kommen die tatsächlich vom Vermieter abgerechneten Betriebskosten. Abzuziehen sind dann die gerechtfertigten Minderungsbeträge in dieser Zeit (BGH VIII ZR 223/10).

Fotokopien

Mieter haben das Recht, die Unterlagen für ihre Betriebskostenabrechnung zu prüfen. Sie haben Anspruch auf Einsicht in die Originalbelege und -rechnungen. Sie können aber nur ausnahmsweise fordern, dass ihnen Kopien der Belege zugesandt werden, zum Beispiel wenn der Vermieter sein Büro nicht am Ort der Wohnung hat (BGH VIII ZR 78/05; BGH VIII ZR 83/09).

Rückforderung

Spätestens 12 Monate nach Ablauf der Abrechnungsperiode muss der Vermieter über Betriebskosten abgerechnet haben. Verpasst er diese Frist, muss der Mieter nichts nachzahlen. Hat er irrtümlich und in Unkenntnis von dieser Ausschlussfrist auf die Abrechnung gezahlt, kann er sein Geld zurückfordern. Der Vermieter ist ungerechtfertigt bereichert (BGH VIII ZR 94/05).

Rechte nach Vertragsende

Ist das Mietverhältnis beendet und rechnet der Vermieter nicht spätestens 12 Monate nach Ende der Abrechnungsperiode ab, kann der Mieter alle Betriebskostenvorauszahlungen für diesen Abrechnungszeitraum zurückfordern. Rechnet der Vermieter später doch noch ab, kann er Forderungen höchstens bis zur Höhe der ursprünglich geleisteten Vorauszahlungen geltend machen (BGH VIII ZR 57/04).

BETRIEBSKOSTEN VERGLEICHEN UND SPAREN

12

Angesichts ständig steigender Betriebskosten wird es für Mieter immer wichtiger, dass die Kosten für sie auch nachvollziehbar und vergleichbar sind. Der Gesetzgeber schreibt Energieausweise vor, die bei allen Verkäufen und Vermietungen vorgelegt werden müssen. Der Deutsche Mieterbund versucht, über Betriebskostenspiegel und einen Heizspiegel Transparenz herbeizuführen.

Betriebskosten sind in Deutschland längst eine zweite Miete geworden. Werden alle nur denkbaren Betriebskosten zusammengerechnet, musste ein Mieter im Jahr 2011 theoretisch 2,97 Euro pro Quadratmeter und Monat zahlen. Das sind für eine 80 Quadratmeter große Wohnung über 2.850 Euro. Angesichts der deutlich steigenden Energiepreise werden sich auch künftig die Betriebkosten spürbar erhöhen.

Umso wichtiger ist es, dass die Betriebskosten für Mieter nachvollziehbar und vergleichbar sind.

Tipp

Der Deutsche Mieterbund veröffentlicht jährlich Preisübersichten für Heizkosten und Betriebskosten, die hierbei gute Hilfestellungen geben. Der „Heizspiegel" und der „Betriebskostenspiegel" sollen Mieter informieren, wie hoch ihre Verbräuche oder Kosten im Vergleich zu anderen Häusern oder durchschnittlichen Verbrauchswerten hierzulande sind.

Außerdem ist der Energieausweis ein wichtiger Schritt, um Mietern (und Käufern) Informationen über den Energiestandard des Gebäudes an die Hand zu geben.

Gemeinsames Ziel der Übersichten sowie des Energieausweises ist es, Mietern durch vergleichbare und transparente Daten Hilfestellungen zu geben, um bei der Anmietung einer Wohnung auch auf den energetischen Zustand des Hauses achten zu können. Zudem geben die Kennzahlen Aufschluss darüber, ob der Vermieter einen Blick für die Betriebskosten hat und wirtschaftlich vernünftig handelt.

Zugleich sollen diese Preisübersichten aber auch Vermietern helfen, die Kosten ihres Hauses richtig einzuschätzen und zu erkennen, an welcher Stelle sie möglicherweise den Hebel für Einsparungen ansetzen können. Niedrige Heiz- und Betriebskosten sind auch im Interesse des Vermieters. So können niedrige Betriebskosten eine höhere Miete rechtfertigen, und niedrige Betriebskosten sichern dauerhaft die Vermietbarkeit der Objekte.

ENERGIEAUSWEIS

Seit 2009 ist ein Energieausweis Pflicht. Es gibt zwei verschiedene Arten von Energieausweisen: den Verbrauchs- und den Bedarfsausweis. Während beim Bedarfsausweis der Energiebedarf des Gebäudes berechnet wird, stellt der Verbrauchsausweis auf den Energieverbrauch der Nutzer im Haus ab. Grundsätzlich kann sich der Vermieter frei für die eine oder andere Art des Energieausweises entscheiden.

Bedarfsausweise sind zwingend nur für ältere Häuser – Bauantrag bis 1. November 1977 – mit weniger als fünf Wohnungen vorgeschrieben. Mit einer Ausnahme: Bis zum 1. Oktober 2008 konnten Eigentümer auch bei älteren Häusern frei wählen, welchen Typ des Energieausweises sie erstellen lassen. Der einmal ausgestellte Energieausweis bleibt zehn Jahre gültig.

Der Energieausweis gilt nicht für einzelne Wohnungen, sondern immer für das gesamte Haus. Er informiert über die Energieeffizienz des Gesamtgebäudes. Anhand der hier dokumentierten Daten werden Mieter und Käufer in die Lage versetzt, verschiedene Wohnobjekte miteinander vergleichen zu können. Bei der Entscheidung, welches der zur Wahl stehenden angemietet oder gekauft wird, kann somit auch die energetische Qualität, das heißt die künftigen Heizkosten, berücksichtigt werden. Gleichzeitig wird hierdurch ein Anreiz für Vermieter geschaffen, die energetische Sanierung ihrer Immobilie voranzutreiben.

Beim Bedarfsausweis berechnen Fachleute anhand objektiver Kriterien den Energiebedarf. Dagegen beruht das Ergebnis des Verbrauchsausweises auf den letzten drei Heizkostenabrechnungen der Vormieter. Weil hier individuelles Heizverhalten und persönliche Lebensgewohnheiten eine große Rolle spielen, ist dessen Informationsgehalt über den energetischen Standard des Gebäudes für Käufer oder neue Mieter eher gering.

Auf den ersten Blick sind Bedarfs- und Verbrauchsausweise optisch kaum zu unterscheiden. Man muss schon genau hinschauen. Beim Bedarfsausweis (siehe S. 204) steht beispielsweise direkt unter Energieausweis „Berechneter Energiebedarf des Gebäudes". Beim Verbrauchsausweis (siehe S. 205) steht hier „Erfasster Energieverbrauch des Gebäudes".

Tipp

Der Energiebedarf wird in Kilowattstunden (kWh) angegeben. Zum Vergleich: Zehn kWh sind ein Liter Heizöl oder ein Kubikmeter Gas. Der Energieausweis enthält auch Empfehlungen für den Eigentümer und Vermieter, durch welche Maßnahmen er für eine bessere Energieeffizienz des Gebäudes sorgen kann. Vermieter sind aber gleichwohl nicht verpflichtet, die Modernisierungsvorschläge auch umzusetzen.

Die Energieeffizienz eines Gebäudes wird anhand einer Farbskala verdeutlicht. Hier gilt: Je grüner, desto besser. Im grünen Bereich ist der Energiebedarf des Gebäudes am niedrigsten. Außerdem sind auf dem Energieausweis Vergleichswerte benannt, an denen man sich zusätzlich orientieren kann.

Die neue Energieeinsparverordnung (EnEV 2014) bringt auch beim Energieausweis Änderungen mit sich. Künftig müssen Verkäufer und Vermieter den Ausweis schon bei der Besichtigung vorlegen. Nach Abschluss des Vertrages muss der Energieausweis einem Käufer oder Mieter sofort übergeben werden, zumindest in Kopie. Die energetischen Kennwerte werden nicht nur auf der Skala (Grün bis Rot) dargestellt, sondern auch einer von 9 Effizienzklassen zugeordnet. Ähnlich wie bei der Kennzeichnung von Elektro- und Haushaltsgeräten reicht die Skala von A+ (bis 25 kWh pro qm, also sehr niedriger Energiebedarf) bis H (mehr als 250 kWh pro qm, also hoher Energiebedarf).

Allerdings gelten die oben genannten Vorgaben nur für neu ausgestellte Energieausweise. Die alten Ausweise, zum Beispiel ohne Angabe von Effizienzklassen, bleiben gültig, 10 Jahre lang.

Künftig müssen die wichtigsten energetischen Kennwerte aus dem Energieausweis auch schon in Immobilienanzeigen genannt werden, zum Beispiel der durchschnittliche Endenergieverbrauch des Gebäudes.

Der Vermieter muss dem Miet- oder Kaufinteressenten den Energieausweis nur vorlegen. Er ist nicht verpflichtet, ihm den Energieausweis auszuhändigen oder ihm eine Kopie zu überlassen. Das ändert sich erst mit Abschluss des Vertrags. Mieter, die bereits im Haus wohnen, haben keinen Anspruch auf Einsicht in den Energieausweis. Unbenommen ist es aber allen Mietern, ihren Vermieter nach einem Energieausweis zu fragen.

Wenn der Vermieter Miet- oder Kaufinteressenten keinen Energieausweis vorlegen kann, ist dies eine Ordnungswidrigkeit und kann mit einer Geldbuße geahndet werden.

ENERGIEAUSWEIS für Wohngebäude

gemäß den §§ 16 ff. der Energieeinsparverordnung (EnEV) vom [1]

Berechneter Energiebedarf des Gebäudes

Registriernummer [2]
(oder: „Registriernummer wurde beantragt am...")

2

Energiebedarf

CO_2-Emissionen [3] kg/(m²·a)

Endenergiebedarf dieses Gebäudes
kWh/(m²·a)

A+ | A | B | C | D | E | F | G | H

0 25 50 75 100 125 150 175 200 225 >250

kWh/(m²·a)
Primärenergiebedarf dieses Gebäudes

Anforderungen gemäß EnEV [4]

Primärenergiebedarf
Ist-Wert kWh/(m²·a) Anforderungswert kWh/(m²·a)

Energetische Qualität der Gebäudehülle H_T'
Ist-Wert W/(m²·K) Anforderungswert W/(m²·K)

Sommerlicher Wärmeschutz (bei Neubau) □ eingehalten

Für Energiebedarfsberechnungen verwendetes Verfahren

- □ Verfahren nach DIN V 4108-6 und DIN V 4701-10
- □ Verfahren nach DIN V 18599
- □ Regelung nach § 3 Absatz 5 EnEV
- □ Vereinfachungen nach § 9 Absatz 2 EnEV

Endenergiebedarf dieses Gebäudes
[Pflichtangabe in Immobilienanzeigen] kWh/(m²·a)

Angaben zum EEWärmeG [5]

Nutzung erneuerbarer Energien zur Deckung des Wärme- und Kältebedarfs auf Grund des Erneuerbare-Energien-Wärmegesetzes (EEWärmeG)

Art: Deckungsanteil: %
%
%

Ersatzmaßnahmen [6]

Die Anforderungen des EEWärmeG werden durch die Ersatzmaßnahme nach § 7 Absatz 1 Nummer 2 EEWärmeG erfüllt.

- □ Die nach § 7 Absatz 1 Nummer 2 EEWärmeG verschärften Anforderungswerte der EnEV sind eingehalten.
- □ Die in Verbindung mit § 8 EEWärmeG um % verschärften Anforderungswerte der EnEV sind eingehalten.

Verschärfter Anforderungswert Primärenergiebedarf: kWh/(m²·a)

Verschärfter Anforderungswert für die energetische Qualität der Gebäudehülle H_T': W/(m²·K)

Vergleichswerte Endenergie

A+ | A | B | C | D | E | F | G | H

0 25 50 75 100 125 150 175 200 225 >250

Effizienzhaus 40
MFH Neubau
EFH Neubau
EFH energetisch gut modernisiert
Durchschnitt Wohngebäudebestand
MFH energetisch nicht wesentlich modernisiert
EFH energetisch nicht wesentlich modernisiert

7

Erläuterungen zum Berechnungsverfahren

Die Energieeinsparverordnung lässt für die Berechnung des Energiebedarfs unterschiedliche Verfahren zu, die im Einzelfall zu unterschiedlichen Ergebnissen führen können. Insbesondere wegen standardisierter Randbedingungen erlauben die angegebenen Werte keine Rückschlüsse auf den tatsächlichen Energieverbrauch. Die ausgewiesenen Bedarfswerte der Skala sind spezifische Werte nach der EnEV pro Quadratmeter Gebäudenutzfläche (A_N), die im Allgemeinen größer ist als die Wohnfläche des Gebäudes.

[1] siehe Fußnote 1 auf Seite 1 des Energieausweises
[2] siehe Fußnote 2 auf Seite 1 des Energieausweises
[3] freiwillige Angabe
[4] nur bei Neubau sowie bei Modernisierung im Fall des § 16 Absatz 1 Satz 3 EnEV
[5] nur bei Neubau
[6] nur bei Neubau im Fall der Anwendung von § 7 Absatz 1 Nummer 2 EEWärmeG
[7] EFH: Einfamilienhaus, MFH: Mehrfamilienhaus

ENERGIEAUSWEIS für Wohngebäude

gemäß den §§ 16 ff. der Energieeinsparverordnung (EnEV) vom [1]

Erfasster Energieverbrauch des Gebäudes

Registriernummer [2]
(oder: „Registriernummer wurde beantragt am...")

3

Energieverbrauch

Endenergieverbrauch dieses Gebäudes
kWh/(m²·a)

A+ | A | B | C | D | E | F | G | H

0 25 50 75 100 125 150 175 200 225 >250

kWh/(m²·a)
Primärenergieverbrauch dieses Gebäudes

Endenergieverbrauch dieses Gebäudes
[Pflichtangabe für Immobilienanzeigen]
kWh/(m²·a)

Verbrauchserfassung – Heizung und Warmwasser

Zeitraum von	Zeitraum bis	Energieträger [3]	Primärenergiefaktor	Energieverbrauch [kWh]	Anteil Warmwasser [kWh]	Anteil Heizung [kWh]	Klimafaktor

Vergleichswerte Endenergie

A+ | A | B | C | D | E | F | G | H

0 25 50 75 100 125 150 175 200 225 >250

Effizienzhaus 40
MFH Neubau
EFH Neubau
EFH energetisch gut modernisiert
Durchschnitt Wohngebäudebestand
MFH energetisch nicht wesentlich modernisiert
EFH energetisch nicht wesentlich modernisiert

4

Die modellhaft ermittelten Vergleichswerte beziehen sich auf Gebäude, in denen die Wärme für Heizung und Warmwasser durch Heizkessel im Gebäude bereitgestellt wird.
Soll ein Energieverbrauch eines mit Fern- oder Nahwärme beheizten Gebäudes verglichen werden, ist zu beachten, dass hier normalerweise ein um 15 bis 30 % geringerer Energieverbrauch als bei vergleichbaren Gebäuden mit Kesselheizung zu erwarten ist.

Erläuterungen zum Verfahren

Das Verfahren zur Ermittlung des Energieverbrauchs ist durch die Energieeinsparverordnung vorgegeben. Die Werte der Skala sind spezifische Werte pro Quadratmeter Gebäudenutzfläche (A_N) nach der Energieeinsparverordnung, die im Allgemeinen größer ist als die Wohnfläche des Gebäudes. Der tatsächliche Energieverbrauch einer Wohnung oder eines Gebäudes weicht insbesondere wegen des Witterungseinflusses und sich ändernden Nutzerverhaltens vom angegebenen Energieverbrauch ab.

[1] siehe Fußnote 1 auf Seite 1 des Energieausweises
[2] siehe Fußnote 2 auf Seite 1 des Energieausweises
[3] gegebenenfalls auch Leerstandszuschläge, Warmwasser- oder Kühlpauschale in kWh
[4] EFH: Einfamilienhaus, MFH: Mehrfamilienhaus

HEIZSPIEGEL

Der Deutsche Mieterbund erstellt zusammen mit co2online gGmbH einen bundesweiten Heizspiegel. Anhand des Heizspiegels können Mieter den Heizenergieverbrauch und die Heizkosten ihres Gebäudes vergleichen und bewerten.

Der Heizenergieverbrauch Ihres Gebäudes

Vergleichswerte bundesweit Abrechnungsjahr 2012

So funktioniert's: Berechnen Sie Ihren Vergleichswert, indem Sie den Heizenergieverbrauch (kWh) des gesamten Gebäudes (1) durch die Gebäudefläche (m²) (2) teilen. Diesen Vergleichswert (3) können Sie in der unten stehenden Tabelle einordnen. Die Angaben (1) und (2) entnehmen Sie Ihrer Heizkostenabrechnung (Muster Seite →9).

(1) Heizenergieverbrauch des Gebäudes (kWh) ____ / (2) Gebäudefläche (m²) ____ = (3) Vergleichswert Heizenergieverbrauch (kWh je m² und Jahr) ____

Hinweis: Die Vergleichswerte in den Tabellen beziehen sich auf die Gesamtfläche eines zentral beheizten Gebäudes (Gesamtheit aller Wohnflächen) und ausschließlich auf die reine Raumwärme.
Bei Gebäuden mit zentraler Warmwasserbereitung ziehen Sie vom errechneten Wert 30 kWh ab. Die Werte dienen zur Orientierung. Der Heizspiegel stellt kein geeignetes Instrument für Einzelfallentscheidungen nach SGB II dar.

	Gebäudefläche (2) in m²	Verbrauch in kWh je m² und Jahr (Vergleichswerte für das Abrechnungsjahr 2012)			
		niedrig	mittel*	erhöht*	zu hoch*
Heizöl	100 – 250	< 92	92 – 148	**149 – 229**	> 229
Heizöl	251 – 500	< 89	89 – 144	**145 – 224**	> 224
Heizöl	501 – 1.000	< 86	86 – 141	**142 – 219**	> 219
Heizöl	> 1.000	< 84	84 – 139	**140 – 216**	> 216
Erdgas	100 – 250	< 82	82 – 151	**152 – 245**	> 245
Erdgas	251 – 500	< 77	77 – 146	**147 – 237**	> 237
Erdgas	501 – 1.000	< 74	74 – 141	**142 – 229**	> 229
Erdgas	> 1.000	< 71	71 – 137	**138 – 224**	> 224
Fernwärme	100 – 250	< 72	72 – 125	**126 – 206**	> 206
Fernwärme	251 – 500	< 69	69 – 120	**121 – 201**	> 201
Fernwärme	501 – 1.000	< 66	66 – 115	**116 – 195**	> 195
Fernwärme	> 1.000	< 64	64 – 112	**113 – 192**	> 192

*Am Gebäude besteht Einsparpotenzial durch energetische Modernisierung. Fordern Sie ein kostenloses Heizgutachten an.

10

Die Heizkosten Ihres Gebäudes

Vergleichswerte bundesweit Abrechnungsjahr 2012

So funktioniert's: Berechnen Sie Ihren Vergleichswert, indem Sie die Heizkosten (€) des gesamten Gebäudes (1) durch die Gebäudefläche (m²) (2) teilen. Diesen Vergleichswert (3) können Sie in der unten stehenden Tabelle einordnen. Die Angaben (1) und (2) entnehmen Sie Ihrer Heizkostenabrechnung (Muster Seite →9).

(1) Heizkosten des Gebäudes (€) ____ / (2) Gebäudefläche (m²) ____ = (3) Vergleichswert Heizkosten (€ je m² und Jahr) ____

Hinweis: Die Vergleichswerte in den Tabellen beziehen sich auf die Gesamtfläche eines zentral beheizten Gebäudes (Gesamtheit aller Wohnflächen) und ausschließlich auf die reine Raumwärme.
Bei Gebäuden mit zentraler Warmwasserbereitung ziehen Sie vom errechneten Wert 2,50 € ab. Die Werte dienen zur Orientierung. Der Heizspiegel stellt kein geeignetes Instrument für Einzelfallentscheidungen nach SGB II dar.

	Gebäudefläche (2) in m²	Kosten in € je m² und Jahr (Vergleichswerte für das Abrechnungsjahr 2012)			
		niedrig	mittel*	erhöht*	zu hoch*
Heizöl	100 – 250	< 10,50	10,50 – 15,30	**15,31 – 21,90**	> 21,90
Heizöl	251 – 500	< 10,00	10,00 – 14,70	**14,71 – 21,20**	> 21,20
Heizöl	501 – 1.000	< 9,50	9,50 – 14,10	**14,11 – 20,40**	> 20,40
Heizöl	> 1.000	< 9,20	9,20 – 13,70	**13,71 – 19,90**	> 19,90
Erdgas	100 – 250	< 7,50	7,50 – 12,10	**12,11 – 18,00**	> 18,00
Erdgas	251 – 500	< 7,10	7,10 – 11,50	**11,51 – 17,20**	> 17,20
Erdgas	501 – 1.000	< 6,70	6,70 – 11,00	**11,01 – 16,50**	> 16,50
Erdgas	> 1.000	< 6,40	6,40 – 10,70	**10,71 – 16,10**	> 16,10
Fernwärme	100 – 250	< 8,80	8,80 – 13,50	**13,51 – 20,30**	> 20,30
Fernwärme	251 – 500	< 8,40	8,40 – 12,90	**12,91 – 19,70**	> 19,70
Fernwärme	501 – 1.000	< 8,00	8,00 – 12,30	**12,31 – 19,00**	> 19,00
Fernwärme	> 1.000	< 7,70	7,70 – 11,90	**11,91 – 18,60**	> 18,60

*Am Gebäude besteht Einsparpotenzial durch energetische Modernisierung. Fordern Sie ein kostenloses Heizgutachten an.

11

Der Heizspiegel wird getrennt nach den Energiearten Heizöl, Erdgas und Fernwärme erstellt und ordnet die Werte des Gebäudes in eine von vier Kategorien ein:

- Günstig: Das Gebäude gehört zu den 10 Prozent mit dem niedrigsten Heizenergieverbrauch.
- Mittel: Es gibt Verbesserungspotenzial, akuter Handlungsbedarf besteht jedoch nicht.
- Erhöhter Verbrauch: Der Energieverbrauch des Gebäudes kann erheblich reduziert werden. Welche Maßnahmen empfehlenswert sind und sich rechnen, kann man bei einer Beratungsstelle (siehe S. 203) erfragen.
- Zu hoher Verbrauch: Hier sollte man unbedingt handeln. 90 Prozent aller Gebäude in Deutschland verbrauchen weniger Heizenergie als das betreffende Haus. Durch die Modernisierung der Heizung, neue Fenster und Dämmmaßnahmen lassen sich deutliche Kosteneinsparungen und enorme Wohnwertsteigerungen erzielen. Auch hier empfiehlt sich die Information bei einer Beratungsstelle (siehe S. 203).

BETRIEBSKOSTENSPIEGEL

Transparenz über Kostenpositionen

Seit 2004 veröffentlicht der Deutsche Mieterbund Betriebskostenspiegel für einzelne Abrechnungsjahre. Ziel des Betriebskostenspiegels ist es, sowohl für Wohnungssuchende als auch für die mehr als 21 Millionen Haushalte, die jährlich Betriebskostenabrechnungen erhalten, Transparenz über die Kostenpositionen herzustellen sowie den Vergleich mit anderen zu ermöglichen.

Gleichzeitig soll der Betriebskostenspiegel Anhaltspunkte liefern, um die Abrechnung nach Wirtschaftlichkeitsgesichtspunkten überprüfen zu können. Darüber hinaus soll er Vermietern Hinweise auf Einsparmöglichkeiten und sinnvolle

Maßnahmen zur Reduzierung überhöhter Betriebskosten geben.

Der Betriebskostenspiegel ermöglicht keine verbindliche Überprüfung der Abrechnungen oder der Höhe einzelner Kosten. Abweichungen von den Durchschnittswerten des Betriebskostenspiegels können aber für den Mieter oder den Rechtsberater des Mietervereins Anlass sein, einzelne Kostenpositionen genauer zu überprüfen. Das gilt insbesondere dann, wenn die Abrechnungwerte deutlich über den Daten des Betriebskostenspiegels liegen.

Nach dem letzten Betriebskostenspiegel des Deutschen Mieterbundes für das Abrechnungsjahr 2011 mussten Mieter in Deutschland durchschnittlich 2,20 Euro pro Quadratmeter im Monat für Betriebskosten zahlen. Rechnet man alle denkbaren Betriebskostenarten zusammen, konnte die sogenannte zweite Miete bis zu 2,97 Euro pro Quadratmeter und Monat betragen.

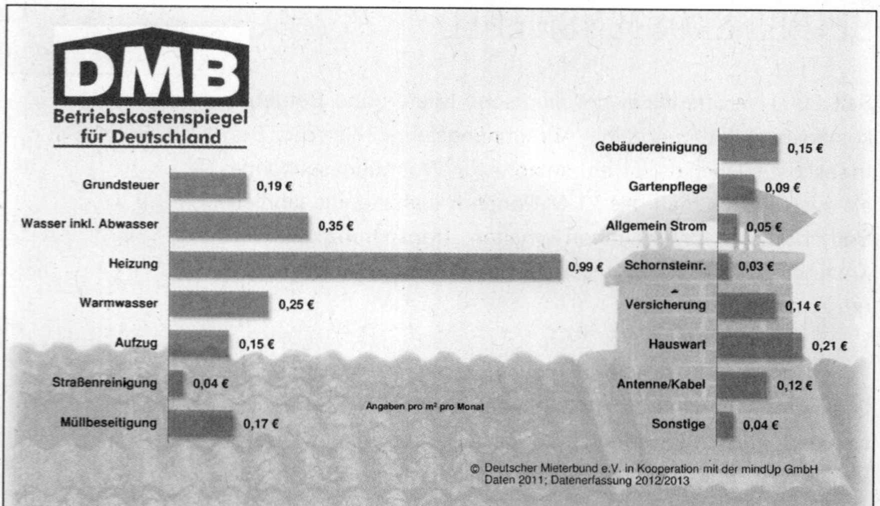

ANHANG

13

Wer hilft bei Mietrechtsproblemen, unverständlichen Betriebskostenabrechnungen oder gravierenden Fehlern in der Heizkostenabrechnung weiter? Der Deutsche Mieterbund (DMB) und die ihm angeschlossenen 320 örtlichen Mietervereine bieten Mieterinnen und Mietern kompetente Rechtsberatung, persönlich, online oder über Telefon.

RECHTSBERATUNG IM DEUTSCHEN MIETERBUND

PERSÖNLICHE BERATUNG

Ausführliche und konkrete Rechtsberatung in einem persönlichen Gespräch erhalten Sie bei einem der 320 Mietervereine an mehr als 500 Standorten in Deutschland. Die Mitgliedschaft in einem örtlichen Mieterverein kostet etwa 40 bis 80 Euro im Jahr. Den nächstgelegenen DMB Mieterverein finden Sie im Internet unter www.mieterbund.de oder über den jeweiligen Landesverband:

DMB Landesverband Baden-Württemberg e. V.
Olgastraße 77, 70182 Stuttgart
Tel. (07 11) 23 60 60-0
Fax (07 11) 23 60 60-2
www.mieterbund-bw.de
e-mail: info@mieterbund-bw.de

DMB Landesverband Bayern e. V.
Sonnenstraße 10, 80331 München
Tel. (089) 8905 738-0, Fax (089) 8905 738-11
www.mieterbund-landesverband-bayern.de
e-mail: info@mieterbund-bayern.org

Berliner Mieterverein e. V.
Landesverband im DMB
Spichernstr. 1, 10777 Berlin
Tel. (0 30) 2 26 26-0, Fax (0 30) 2 26 26-161
www.berliner-mieterverein.de
e-mail: bmv@berliner-mieterverein.de

Deutscher Mieterbund
Land Brandenburg e. V.
Am Luftschiffhafen 1, 14471 Potsdam
Tel. (03 31) 27 97 60 50
Fax (03 31) 27 97 60 59
www.mieterbund-brandenburg.de
e-mail: info@mieterbund-brandenburg.de

Mieterverein zu Hamburg von 1890 r. V.
Landesverband im DMB
Beim Strohhause 20
20097 Hamburg
Tel. (0 40) 8 79 79-0, Fax (0 40) 8 79 79-120
www.mieterverein-hamburg.de
e-mail: info@mieterverein-hamburg.de

DMB Landesverband Hessen e. V.
Adelheidstraße 70, 65185 Wiesbaden
Tel. (06 11) 4 11 40 50, Fax (06 11) 41 14 05 29
www.mieterbund-hessen.de
e-mail: info@mieterbund-hessen.de

DMB Landesverband
Mecklenburg-Vorpommern e. V.
G.-Hauptmann-Str. 19, 18055 Rostock
Tel. (03 81) 3 75 29 20, Fax (03 81) 3 75 29 29
www.mieterbund-mvp.de
e-mail: post@mieterbund-mvp.de

Deutscher Mieterbund
Niedersachsen-Bremen e. V.
Herrenstraße 14, 30159 Hannover
Tel. (05 11) 1 21 06-0, Fax (05 11) 1 21 06-16
www.dmb-nieders-bremen.de
e-mail: info@dmb-nieders-bremen.de

Deutscher Mieterbund Nordrhein-Westfalen e. V.
Oststraße 55, 40211 Düsseldorf
Tel. (0211) 58 60 09-0, Fax (0211) 58 60 09-29
www.dmb-nrw.de
e-mail: mieter@dmb-nrw.de

DMB Landesverband Rheinland-Pfalz e. V.
Löhrstr. 78-80, 56068 Koblenz
Tel. (02 61) 1 76 09, Fax (02 61) 1 76 73
www.mieterbund-rhpl.de
e-mail: dmb-rhpl@gmx.de

DMB Landesverband Saarland e. V.
Karl-Marx-Straße 1, 66111 Saarbrücken
Tel. (06 81) 9 47 67 0, Fax (06 81) 9 47 67 281
www.mietrecht-saar.de
e-mail: info@mieterbund-sb.de

DMB Landesverband Sachsen e. V.
Fetscherplatz 3, 01307 Dresden
Tel. (03 51) 8 66 45-66, Fax (03 51) 8 66 45-11
www.mieterbund-sachsen.de
e-mail: landesverband-sachsen@mieterbund.de

DMB Landesverband Sachsen-Anhalt e.V.
Alter Markt 6, 06108 Halle
Tel. (03 45) 2 02 14 67, Fax (03 45) 2 02 14 68
www.mieterbund-sachsen-anhalt.de
e-mail: info@mieterbund-sachsen-anhalt.de

DMB Landesverband Schleswig-Holstein e.V.
Eggerstedtstraße 1, 24103 Kiel
Tel. (04 31) 9 79 19-0, Fax (04 31) 9 79 19-31
www.mieterbund-schleswig-holstein.de
e-mail: info@mieterbund-schleswig-holstein.de

DMB Landesverband Thüringen e.V.
Hirschlachufer 83a, 99084 Erfurt
Tel. (03 61) 5 98 05-0, Fax (03 61) 5 98 05-20
www.mieterbund-thueringen.de
e-mail: info@mieterbund-thueringen.de

TELEFON-HOTLINE

Täglich von 10 bis 20 Uhr bietet der Deutsche Mieterbund eine telefonische Erst- oder Kurzberatung auch für Nichtmitglieder unter Tel. Nr.: 0900-1-20 00 12 an (2 Euro pro Minute aus dem deutschen Festnetz; ab der zweiten Minute wird sekundengenau abgerechnet). Über Mobilfunknetze können höhere Kosten entstehen.

MIETERBUND24 – DIE DMB-ONLINE-BERATUNG

Unter www.mieterbund24.de findet man eine schnelle Onlinehilfe des Deutschen Mieterbundes bei allen Mietrechtsfragen. Die Antwort kostet 25 Euro und kommt innerhalb von sechs

Stunden. Vorausgesetzt, die Anfrage wird montags bis freitags zwischen 8 und 14 Uhr gestellt. Später eingehende oder Anfragen am Wochenende werden bis 14 Uhr des nächsten Werktags beantwortet.

GESETZLICHE GRUNDLAGEN: LINK-LISTE

Betriebskostenverordnung:
www.bundesrecht.juris.de/betrkv

Bürgerliches Gesetzbuch:
www.bundesrecht.juris.de/bgb

Heizkostenverordnung:
www. bundesrecht.juris.de/heizkostenv

Wohnflächenverordnung:
www.bundesrecht.juris.de/woflv

ADRESSEN DER VERBRAUCHERZENTRALEN

Verbraucherzentrale Baden-Württemberg e. V.
Paulinenstraße 47
70178 Stuttgart
Telefon 0 18 05/50 59 99 (0,14 €/min.,
Mobilfunkpreis maximal 0,42 €/min.)
Fax 07 11/66 91-50
www.vz-bawue.de

Verbraucherzentrale Bayern e. V.
Mozartstraße 9
80336 München
Tel. 0 89/5 39 87-0
Fax 0 89/53 75 53
www.verbraucherzentrale-bayern.de

Verbraucherzentrale Berlin e. V.
Hardenbergplatz 2
10623 Berlin
Tel. 0 30/2 14 85-0
Fax 0 30/2 11 72 01
www.vz-berlin.de

Verbraucherzentrale Brandenburg e. V.
Templiner Straße 21
14473 Potsdam
Tel. 03 31/2 98 71-0
Fax 03 31/2 98 71-77
www.vzb.de

Verbraucherzentrale Bremen e. V.
Altenweg 4
28195 Bremen
Tel. 04 21/1 60 77-7
Fax 04 21/1 60 77 80
www.verbraucherzentrale-bremen.de

Verbraucherzentrale Hamburg e. V.
Kirchenallee 22
20099 Hamburg
Tel. 0 40/2 48 32-0
Fax 0 40/2 48 32-290
www.vzhh.de

Verbraucherzentrale Hessen e. V.
Große Friedberger Straße 13–17
60313 Frankfurt/Main
Tel. 0 18 05/97 20 10 (0,14 €/min.,
Mobilfunkpreis maximal 0,42 €/min.)
Fax 0 69/97 20 10-40
www.verbraucher.de

Verbraucherzentrale Mecklenburg-Vorpommern e. V.
Strandstraße 98
18055 Rostock
Tel. 03 81/2 08 70 50
Fax 03 81/2 08 70 30
www.nvzmv.de

Verbraucherzentrale Niedersachsen e. V.
Herrenstraße 14
30159 Hannover
Tel. 05 11/ 9 11 96-0
Fax 05 11/9 11 96-10
www.verbraucherzentrale-niedersachsen.de

Verbraucherzentrale
Nordrhein-Westfalen e. V.
Mintropstraße 27
40215 Düsseldorf
Tel. 02 11/38 09-0
Fax 02 11/38 09-216
www.vz-nrw.de

Verbraucherzentrale Rheinland-Pfalz e. V.
Seppel-Glückert-Passage 10
55116 Mainz
Tel. 0 61 31/28 48-0
Fax 0 61 31/28 48-66
www.verbraucherzentrale-rlp.de

Verbraucherzentrale des Saarlandes e. V.
Trierer Straße 22
66111 Saarbrücken
Tel. 06 81/5 00 89-0
Fax 06 81/5 00 89-22
www.vz-saar.de

Verbraucherzentrale Sachsen e. V.
Katharinenstraße 17
04109 Leipzig
Tel. 03 41/69 62 90
Fax 03 41/6 89 28 26
www.verbraucherzentrale-sachsen.de

Verbraucherzentrale Sachsen-Anhalt e. V.
Steinbockgasse 1
06108 Halle
Tel. 03 45/2 98 03-29
Fax 03 45/2 98 03-26
www.vzsa.de

Verbraucherzentrale
Schleswig-Holstein e. V.
Andreas-Gayk-Straße 15
24103 Kiel
Tel. 04 31/5 90 99-0
Fax 04 31/5 90 99-77
www.verbraucherzentrale-sh.de

Verbraucherzentrale Thüringen e. V.
Eugen-Richter-Straße 45
99085 Erfurt
Tel. 03 61/5 55 14-0
Fax 03 61/5 55 14-40
www.vzth.de

Verbraucherzentrale Bundesverband e. V.
Markgrafenstraße 66
10969 Berlin
Tel. 0 30/2 58 00-0
Fax 0 30/2 58 00-518
www.vzbv.de

STICHWORTVERZEICHNIS

A

B

D

E

G

H

J

K

L

M

N

R

S

T

U

V

W

Z

IMPRESSUM

Herausgeber
Verbraucherzentrale Nordrhein-Westfalen e. V.
Mintropstraße 27, 40215 Düsseldorf
Telefon: 02 11/38 09-5 55
Telefax: 02 11/38 09-2 35
Internet: www.vz-nrw.de
E-Mail: ratgeber@vz-nrw.de

DMB-Verlag – Verlags- und Verwertungsgesellschaft des Deutschen Mieterbundes mbH
Littenstraße 10, 10179 Berlin
Telefon: 0 30/2 23 23-0
Telefax: 0 30/2 23 23-100
Internet: www.mieterbund.de
E-Mail: info@mieterbund.de

Autor:	Ulrich Ropertz, Deutscher Mieterbund
Herausgeber:	Dr. Frank Bräutigam
Lektorat:	Frank Wolsiffer
Produktion:	bretzinger : media.production, Baden-Baden
Satz:	typografie & layout, Evelyn Haller, Gaggenau
Gestaltungskonzept:	Ute Lübbeke, Köln, www.LNT-design.de
Umschlaggestaltung:	Ute Lübbeke, Köln, www.LNT-design.de
Umschlagfoto:	© Haag & Kropp GbR / artpartner-images, Heidelberg
Druck/Bindung:	Kraft Druck GmbH, Ettlingen Gedruckt auf 100 Prozent Recyclingpapier

Redaktionsschluss: April 2014

WAS ICH ALS MIETER WISSEN MUSS

Konflikte zwischen Mieter und Vermieter lassen sich vermeiden, wenn jede Partei Ihre Rechte und Pflichten kennt. Recht haben und Recht bekommen ist aber zweierlei!
Dieser Ratgeber macht Sie mit Ihren Rechten und Pflichten im laufenden Wohnraummietverhältnis vertraut und hilft Ihnen mit Praxistipps, Musterbriefen und Formulierungsvorschlägen, Ihre Rechte effektiv durchzusetzen.
In Kooperation mit dem Deutschen Mieterbund.

4. Auflage 2013
274 Seiten
11,90 Euro
ISBN 978-3-86336-604-9

Erhältlich bei den Verbraucherzentralen und im Buchhandel

www.vz-ratgeber.de